이렇게
말해요
일상중국어

이렇게 말해봐 일상중국어

2018년 06월 10일 초판 1쇄 인쇄
2018년 06월 15일 초판 1쇄 발행

지은이 송미경
발행인 손건
편집기획 김상배, 장수경
마케팅 이언영
디자인 이성세
제작 최승용
인쇄 선경프린테크

발행처 **LanCom** 랭컴
주소 서울시 영등포구 영신로38길 17
등록번호 제 312-2006-00060호
전화 02) 2636-0895
팩스 02) 2636-0896
홈페이지 www.lancom.co.kr

ⓒ 랭컴 2018
ISBN 979-11-89204-06-8 13720

MP3 다운로드 방법

컴퓨터에서

- 네이버 블로그 주소란에 **www.lancom.co.kr** 입력 또는
  네이버 블로그 검색창에 **랭컴**을 입력하신 후 다운로드

- **www.webhard.co.kr**에서 직접 다운로드
  - 아이디　　: lancombook
  - 패스워드 : lancombook

스마트폰에서

콜롬북스 앱을 통해서 본문 전체가 녹음된
MP3 파일을 **무료**로 **다운로드**할 수 있습니다.

- 구글플레이 · 앱스토어에서 **콜롬북스 앱** 다운로드 및 설치
- 회원 가입 없이 원하는 도서명을 검색 후 **MP3 다운로드**
- 회원 가입 시 더 다양한 **콜롬북스** 서비스 이용 가능

> 원하시는 책을
> 바로 구매할 수
> 있습니다.

> 전체 파일을
> 한 번에 저장할
> 수 있습니다.

App Store •• LTE 오후 1:20 ◯100%
← (The) 왕초보 영어회화 독학노트　책구매

(The) 왕초보 영어회화 독학노트
이서영

MP3 다운로드

책소개

쓰기로 완성하는 The 왕초보 영어회화 독학노트

최근에 학습자의 수준과 학습 능력에 맞춘 쓰기의 중요성이 새롭게 부각되고 있는 것은 절대로 우연이 아니다. 눈으로 보고 귀로 듣는 것보다 손으로 쓰는 것을 우리의 뇌가 훨씬 더 오래 기억

App Store •• LTE 오후 1:20 (10%
← (The) 왕초보 영어회화 독학
총 120개　　　　　　　　전체 127.5MB

본문 001.mp3 - The 왕초보 영어회화 독학노트 　1.5MB

본문 002.mp3 - The 왕초보 영어회화 독학노트 　1.0MB

본문 003.mp3 - The 왕초보 영어회화 독학노트 　1.2MB

본문 004.mp3 - The 왕초보 영어회화 독학노트 　1.2MB

본문 005.mp3 - The 왕초보 영어회화 독학노트 　1.2MB

본문 006.mp3 - The 왕초보 영어회화 독학노트 　1.0MB

본문 007.mp3 - The 왕초보 영어회화 독학노트 　1.1MB

MP3 사용법

▶ **mp3 다운로드**

www.lancom.co.kr에 접속하여 **mp3**파일을 무료로 다운로드합니다.

▶ **우리말과 중국인의 1 : 1 녹음**

책 없이도 공부할 수 있도록 중국인 남녀가 자연스런 속도로 번갈아가며 중국어 문장을 녹음하였습니다. 우리말 한 문장마다 중국인 남녀 성우가 각각 1번씩 읽어주기 때문에 한 문장을 두 번씩 듣는 효과가 있습니다.

▶ **mp3 반복 청취**

교재를 공부한 후에 녹음을 반복해서 청취하셔도 좋고, 중국인의 녹음을 먼저 듣고 잘 이해할 수 없는 부분은 교재로 확인해보는 방법으로 공부하셔도 좋습니다. 어떤 방법이든 자신에게 잘 맞는다고 생각되는 방법으로 꼼꼼하게 공부하십시오. 보다 자신 있게 중국어를 할 수 있게 될 것입니다.

▶ **정확한 발음 익히기**

발음을 공부할 때는 반드시 함께 제공되는 mp3 파일을 이용하시기 바랍니다. 언어를 배울 때 듣는 것이 중요하다는 것은 두말할 필요가 없습니다. 오랫동안 자주 반복해서 듣는 연습을 하다보면 어느 순간 갑자기 말문이 열리게 되는 것을 경험할 수 있을 것입니다. 의사소통을 잘 하기 위해서는 말을 잘하는 것도 중요하지만 상대가 말하는 것을 정확하게 듣는 것이 더 중요하다고 합니다. 활용도가 높은 기본적인 표현을 가능한 한 많이 암기할 것과, 동시에 중국인이 읽어주는 문장을 지속적으로 꾸준히 듣는 연습을 병행하시기를 권해드립니다. 듣는 연습을 할 때는 실제로 소리를 내어 따라서 말해보는 것이 더욱 효과적입니다.

이렇게

말해봐

说这样吧   中国语会话

일상
중국어

송미경 지음   日常篇

LanCom
Language & Communication

들어가며

중국어회화를 위한 4단계 공부법

읽기 듣기 말하기 쓰기 4단계 중국어 공부법은 가장 효과적이라고 알려진 비법 중의 비법입니다. 아무리 해도 늘지 않던 중국어 공부, 이제 읽듣말쓰 4단계 공부법으로 팔 걷어붙이고 달려들어 봅시다!

읽기

왕초보라도 문제없이 읽을 수 있도록 중국인 발음과 최대한 비슷하게 우리말로 발음을 달아 놓았습니다. 우리말 해석과 중국어 표현을 눈으로 확인하며 읽어보세요.

✔ check point!

- 같은 상황에서 쓸 수 있는 6개의 표현을 확인한다.
- 우리말 해석을 보면서 중국어 표현을 소리 내어 읽는다.

듣기

책 없이도 공부할 수 있도록 우리말 해석과 중국어 문장이 함께 녹음되어 있습니다. 출퇴근 길, 이동하는 도중, 기다리는 시간 등, 아까운 자투리 시간을 100% 활용해 보세요. 듣기만 해도 공부가 됩니다.

✔ check point!

- 우리말 해석과 중국인 발음을 서로 연관시키면서 듣는다.
- 중국인 발음이 들릴 때까지 반복해서 듣는다.

쓰기

중국어 공부의 완성은 쓰기! 손으로 쓰면 우리의 두뇌가 훨씬 더 확실

하게, 오래 기억한다고 합니다. 각 유닛의 뒤쪽에 마련된 빈칸 채우기에 알맞는 단어를 써넣으면서 공부하다 보면 생각보다 중국어 문장이 쉽게 외워진다는 사실에 깜짝 놀라실 거예요.

✔ check point!

- 우리말 뜻을 보고 빈칸에 알맞는 단어를 적어넣는다.
- 중국인의 발음을 들으면서 별도로 준비한 노트에 써본다.
- 표현을 최대한 머릿속에 떠올리면서 쓴다.

말하기

듣기만 해서는 절대로 입이 열리지 않습니다. 중국인 발음을 따라 말해보세요. 계속 듣고 말하다 보면 저절로 발음이 자연스러워집니다.

✔ check point!

- 중국인 발음을 들으면서 최대한 비슷하게 따라 읽는다.
- 우리말 해석을 듣고 mp3를 멈춘 다음, 중국어 문장을 떠올려 본다.
- 다시 녹음을 들으면서 맞는지 확인한다.

대화 연습

문장을 아는 것만으로는 충분하지 않습니다. 대화를 통해 문장의 쓰임새와 뉘앙스를 아는 것이 무엇보다 중요하기 때문에 6개의 표현마다 Mini Talk를 하나씩 두었습니다.

✔ check point!

- 대화문을 읽고 내용을 확인한다.
- 대화문 녹음을 듣는다.
- 들릴 때까지 반복해서 듣는다.

이 책의 내용

PART

01

今天你干什么?

하루일과

일어날 시간이야.
该起床了。
Gāi qǐchuángle
까이 치추앙러

어서 일어나라! 학교 가야지.
快起床! 该上学了。
Kuài qǐchuáng! Gāi shàngxuéle
쿠아이 치추앙! 까이 상쉬에러

좀 더 잘게요.
再睡会儿。
Zài shuì huìr
짜이 수에이 후알

잘 잤어요?
睡得好吗?
Shuì de hǎo ma
수에이 더 하오 마

잘 못 잤어요. 무서운 꿈을 꿨어요.
没睡好。做了一个恶梦。
Méi shuì hǎo. Zuòle yígè èmèng
메이 수에이 하오. 쭈어러 이꺼 어멍

잘 잤어요.
睡好了。
Shuì hǎo le
수에이 하오 러

다음 문장을 중국어로 말할 수 있는지 쓰면서 체크해 보세요.

일어날 시간이야.

● 该 [ ] 了。

어서 일어나라! 학교 가야지.

● [ ] ！该上学了。

좀 더 잘게요.

● 再 [ ] 会儿。

잘 잤어요?

● [ ] 好吗？

잘 못 잤어요. 무서운 꿈을 꿨어요.

● [ ] 。做了一个恶梦。

잘 잤어요.

● [ ] 了。

 Mini Talk

A: 您睡得好吗?
Nín shuì de hǎo ma
닌 수에이 더 하오 마
안녕히 주무셨어요?

B: 好，你也睡得好吗?
Hǎo, nǐ yě shuì de hǎo ma
하오, 니 이에 수에이 더 하오 마
그래, 너도 잘 잤니?

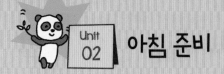

>> 녹음을 듣고 소리내어 읽어볼까요? <<< 듣기 >>>

화장실에 갈게요.

我上个厕所。

Wǒ shànggè cèsuǒ

워 샹끄어 처쑤어

세수했니?

洗脸了吗?

Xǐliǎnle ma

시리엔러 마

이를 닦아라.

去刷刷牙。

Qù shuāshua yá

취 쑤아수아 야

먼저 면도를 해야겠어.

我得先刮胡子。

Wǒ děi xiān guāhúzi

워 데이 시엔 꾸아후즈

머리를 빗었니?

梳头了吗?

Shūtóule ma

쑤터우러 마

아침은 꼭 챙겨 먹어요.

一定吃早饭。

Yídìng chī zǎofàn

이띵 츠 자오판

다음 문장을 중국어로 말할 수 있는지 쓰면서 체크해 보세요.

화장실에 갈게요.

- 我上个 ☐ 。

세수했니?

- ☐ 了吗？

이를 닦아라.

- ☐ 刷牙。

먼저 면도를 해야겠어.

- 我得先 ☐ 。

머리를 빗었니?

- ☐ 了吗？

아침은 꼭 챙겨 먹어요.

- 一定吃 ☐ 。

 Mini Talk

A: 要茶吗?
   Yào chá ma
   야오 차 마
   차 드릴까요?

B: 好的。
   Hǎo de
   하오 더
   네, 주세요.

빨리 서둘러요, 늦겠어요.

快点弄，要晚了。

Kuài diǎn nòng, yāo wǎnle

쿠아이 디엔 농, 야오 완러

벌써 8시잖아요. 얼른 출근하세요.

已经8点了，你赶快上班去吧。

Yǐjīng bādiǎn le, nǐ gǎnkuài shàngbān qù ba

이징 빠디엔 러, 니 간쿠아이 샹빤 취 러

언니, 화장을 다 했어. 어때?

姐姐，妆化好了，怎么样?

Jiějie, zhuāng huà hǎo le, zěnmeyàng

지에지에, 쭈앙 후아 하오 러, 전머양

오늘 우산 꼭 챙겨서 나가요.

今天一定要带雨伞出去啊。

Jīntiān yídìng yào dài yǔsǎn chūqù a

진티엔 이띵 야오 따이 위싼 추취 아

아차, 핸드폰 챙기는 걸 깜박했어요.

糟了，我忘带手机了。

Zāole, wǒ wàng dài shǒujī le

짜오러, 워 왕 따이 셔우지 러

다녀올게요.

我走了。

Wǒ zǒu le

워 저우 러

다음 문장을 중국어로 말할 수 있는지 쓰면서 체크해 보세요.

빨리 서둘러요, 늦겠어요.

• ⬚ ，要晚了。

벌써 8시잖아요. 얼른 출근하세요.

• 已经8点了，你赶快 ⬚ 吧。

언니, 화장을 다 했어. 어때?

• 姐姐，妆化好了， ⬚ ？

오늘 우산 꼭 챙겨서 나가요.

• 今天一定要 ⬚ 出去啊。

아차, 핸드폰 챙기는 걸 깜박했어요.

• 糟了， ⬚ 手机了。

다녀올게요.

• 我 ⬚ 。

 Mini Talk

A: 要去学校了。
　Yāo qù xuéxiào le
　야오 취 쉬에시아오 러
　학교 다녀오겠습니다.

B: 路上小心，平安回来。
　Lùshang xiǎoxīn, píng'ān huílái
　루샹 시아오신, 핑안 후에이라이
　차 조심하고, 잘 다녀와.

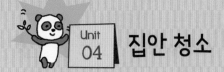

방을 깨끗이 청소해라.

把屋子清扫干净。

Bǎ wūzi qīngsǎo gānjìng

바 우즈 칭싸오 깐찡

금방 치울게요.

我这就收拾。

Wǒ zhè jiù shōushi

워 쩌 지어우 셔우스

오늘은 청소해야겠어.

今天得打扫卫生。

Jīntiān děi dǎsǎowèishēng

진티엔 데이 다싸오웨이셩

청소를 도울게요.

我帮你打扫吧。

Wǒ bāng nǐ dǎsǎo ba

워 빵 니 다싸오 바

방 좀 치울 수 없니?

你就不能收拾一下房间吗?

Nǐ jiù bùnéng shōushí yīxià fángjiān ma

니 지어우 뿌넝 셔우스 이시아 팡지엔 마

좀 거들어줘요!

请帮我个忙!

Qǐng bāng wǒ gè máng

칭 빵 워 끄어 망

다음 문장을 중국어로 말할 수 있는지 쓰면서 체크해 보세요.

방을 깨끗이 청소해라.

- 把屋子 ⬚ 干净。

금방 치울게요.

- 我这就 ⬚ 。

오늘은 청소해야겠어.

- 今天得 ⬚ 。

청소를 도울게요.

- 我帮你 ⬚ 吧。

방 좀 치울 수 없니?

- 你就 ⬚ 一下房间吗?

좀 거들어줘요!

- 请帮 ⬚ !

 Mini Talk

A: 今天我们来个大扫除吧。
Jīntiān wǒmen lái gè dàsǎochú ba
진티엔 워먼 라이 끄어 따싸오추 바
오늘 우리 대청소해요.

B: 好啊，正好天气也不错。
Hǎo a, zhènghǎo tiānqì yě búcuò
하오 아, 쩡하오 티엔치 이에 부추어
좋아요, 마침 날씨도 좋네요.

이 옷 세탁해야겠어요.

衣服该洗了。

Yīfu gāi xǐle

이푸 까이 시러

이 옷은 손으로 빨아 주세요.

这件衣服用手洗吧。

Zhè jiàn yīfu yòng shǒu xǐ ba

쩌 지엔 이푸 용 셔우 시 바

이 스커트는 세탁기에 돌리면 안 돼요.

这件裙子不能用洗衣机洗。

Zhè jiàn qúnzi bùnéng yòng xǐyījī xǐ

쩌 지엔 췬즈 뿌넝 용 시이지 시

양복은 반드시 드라이클리닝을 해야 해요.

西装一定要干洗。

Xīzhuāng yídìng yào gānxǐ

시쭈앙 이띵 야오 깐시

빨래가 다 말랐으니 개어 놓으세요.

衣服都干了，叠一下吧。

Yīfu dōu gān le, dié yíxià ba

이푸 떠우 깐 러, 디에 이시아 바

이 셔츠 좀 다려 주실래요?

熨一下这件衬衫好吗?

Yùn yíxià zhè jiàn chènshān hǎo ma

윈 이시아 쩌 지엔 천샨 하오 마

다음 문장을 중국어로 말할 수 있는지 쓰면서 체크해 보세요.

이 옷 세탁해야겠어요.

● 衣服 ⬚⬚ 了。

이 옷은 손으로 빨아 주세요.

● 这件衣服 ⬚⬚⬚ 吧。

이 스커트는 세탁기에 돌리면 안 돼요.

● 这件裙子不能用 ⬚⬚⬚ 。

양복은 반드시 드라이클리닝을 해야 해요.

● 西装一定要 ⬚⬚ 。

빨래가 다 말랐으니 개어 놓으세요.

● ⬚⬚⬚ 了，叠一下吧。

이 셔츠 좀 다려 주실래요?

● ⬚ 一下这件衬衫好吗?

 Mini Talk

A: 这件衬衫熨过吗?
　　Zhè jiàn chènshān yùn guò ma
　　쩌 지엔 천샨 윈 꾸어 마
　　이 와이셔츠 다린 거예요?

B: 上个星期都熨好了。
　　Shànggè xīngqī dōu yùnhǎole
　　샹끄어 시앙치 떠우 윈하오러
　　지난주에 다 다려 놓은 건데.

엄마, 다녀왔습니다!

妈妈，我回来啦!

Māma, wǒ huílái la

마마, 워 후에이라이 러

오늘 너무 피곤해요!

今天非常累!

Jīntiān fēicháng lèi

진티엔 페이창 레이

목욕하거라.

去洗澡吧!

Qù xǐzǎo ba

취 시자오 바

오늘 뭐 맛있는 거 있어요?

今天有什么好吃的?

Jīntiān yǒu shénme hǎochī de

진티엔 여우 션머 하오츠 더

손 씻어라.

洗洗手。

Xǐxishǒu

시시셔우

숙제는 없니?

没有作业吗?

Méiyǒu zuòyè ma

메이여우 쭈어이에 마

다음 문장을 중국어로 말할 수 있는지 쓰면서 체크해 보세요.

엄마, 다녀왔습니다!

- 妈妈，我 ☐ 啦!

오늘 너무 피곤해요!

- 今天 ☐ !

목욕하거라.

- 去 ☐ 吧!

오늘 뭐 맛있는 거 있어요?

- 今天有什么 ☐ ?

손 씻어라.

- 洗 ☐ 。

숙제는 없니?

- 没有 ☐ 吗?

Mini Talk

A: 我回来了。
Wǒ huíláile
워 후에이라이러
다녀왔어요.

B: 回来啦!
Huílái la
후에이라이 라
오서 오렴.

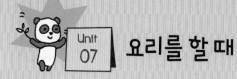

양파 껍질 좀 벗겨 주세요.

剥一下洋葱皮。

Bāo yíxià yángcōng pí

빠오 이시아 양총 피

이 야채 좀 씻어 주세요.

洗洗这些蔬菜。

Xǐxi zhèxiē shūcài

시시 쩌시에 쑤차이

이 고기를 다져 주세요.

把这个肉剁一下吧。

Bǎ zhège ròu duò yíxià ba

바 쩌거 러우 뚜어 이시아 바

오늘은 무슨 요리를 하지?

今天做什么料理?

Jīntiān zuò shénme liàolǐ

진티엔 쭈어 션머 리아오리

너무 오래 데치지 마세요.

别焯太久。

Bié chāo tài jiǔ

비에 차오 타이 지어우

생선찌개를 끓여 주세요.

给我做鲜鱼汤。

Gěi wǒ zuò xiānyú tāng

게이 워 쭈어 시엔위 탕

다음 문장을 중국어로 말할 수 있는지 쓰면서 체크해 보세요.

양파 껍질 좀 벗겨 주세요.

· ☐ 一下洋葱皮。

이 야채 좀 씻어 주세요.

· ☐ 这些蔬菜。

이 고기를 다져 주세요.

· ☐ 这个肉 ☐ 一下吧。

오늘은 무슨 요리를 하지?

· 今天做什么 ☐ ?

너무 오래 데치지 마세요.

· ☐ 太久。

생선찌개를 끓여 주세요.

· 给我做 ☐ 。

A: **今天晚上做炸酱面吧。**
Jīntiān wǎnshàng zuò zhájiàngmiàn ba
진티엔 완샹 쭈어 자지앙미엔 바
오늘 저녁은 자장면을 만들어요.

B: **好啊，那要买猪肉吧。**
Hǎo a, nà yào mǎi zhūròu ba
하오 아, 나 야오 마이 쭈러우 바
좋아, 그럼 돼지고기를 사와야겠네.

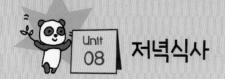

배고파요.

我饿了。

Wǒ èle

워 으어러

간식 있어요?

有点心吗?

Yǒu diǎnxin ma

여우 디엔신 마

밥 먹어라.

吃饭啦!

Chīfàn lā

츠판 라

더 주세요.

再盛一碗。

Zài chéng yìwǎn

짜이 청 이완

많이 먹었니?

吃好了吗?

Chīhǎole ma

츠하오러 마

잘 먹었어요.

吃好了。

Chīhǎole

츠하오러

다음 문장을 중국어로 말할 수 있는지 쓰면서 체크해 보세요.

배고파요.

- 我 ☐ 。

간식 있어요?

- 有 ☐ 吗?

밥 먹어라.

- ☐ 啦!

더 주세요.

- ☐ 一碗。

많이 먹었니?

- ☐ 吗?

잘 먹었어요.

- ☐ 好了。

Mini Talk

A: **饭做好了吗?**
Fàn zuòhǎole ma
판 쭈어하오러 마
밥 다 됐어요?

B: **还没做好呢。**
Hái méi zuòhǎo ne
하이 메이 쭈어하오 너
아직 안 됐어.

샤워를 했더니 온몸이 개운해요.

洗完淋浴浑身舒服。

Xǐ wán ínyù húnshēn shūfu

시 완 인위 훈션 쑤푸

무슨 먹을 것 있어요?

有什么吃的东西?

Yǒu shénme chī de dōngxi

여우 션머 츠 더 똥시

너, 여지껏 텔레비전을 보고 있었니?

你现在正在看电视吗?

Nǐ xiànzài zhèngzài kàn diànshì ma

니 시엔짜이 정짜이 칸 띠엔스 마

자, 얘들아, 잠잘 시간이다.

快，孩子们，该睡觉了。

Kuài, háizǐmen, gāi shuìjiàole

쿠아이, 하이즈먼, 까이 수에이지아오러

알람은 맞춰놓았니?

上闹表了吗?

Shàng nàobiǎo le ma

샹 나오비아오 러 마

엄마, 안녕히 주무세요.

妈妈，晚安。

Māma, wǎn'ān

마마, 완안

샤워를 했더니 온몸이 개운해요.

- 洗完 [　　] 浑身舒服。

무슨 먹을 것 있어요?

- 有 [　　　] 的东西?

너, 여지껏 텔레비전을 보고 있었니?

- 你现在正在 [　　　] 吗?

자, 얘들아, 잠잘 시간이다.

- 快，孩子们，[　　　　　] 。

알람은 맞춰놓았니?

- [　　　　] 了吗?

엄마, 안녕히 주무세요.

- 妈妈，[　　] 。

Mini Talk

A: **我太困了，想睡了。**
Wǒ tài kùnle, xiǎng shuìle
워 타이 쿤러, 시앙 수에이러
전 너무 졸려서 이제 자고 싶어요.

B: **早点儿睡吧。**
Zǎodiǎnr shuì ba
자오디알 수에이 바
일찍 자거라.

휴일

Unit 10

>> 녹음을 듣고 소리내어 읽어볼까요? <<< 듣기 >>>

오늘은 무엇을 할래요?

今天你干什么?

Jīntiān nǐ gānshénme

진티엔 니 깐션머

오늘은 집에 있어요, 아니면 밖에 나가요?

今天在家还是出去?

Jīntiān zài jiā háishì chūqù

진티엔 짜이 지아 하이스 추취

어디로 놀러 가고 싶어요!

去哪儿玩儿玩儿吧!

Qùnǎr wánrwánr ba

취날 왈왈 바

햇빛이 이렇게 좋으니 산책이나 나갑시다.

太阳这么好，出去散散步吧。

Tàiyáng zhème hǎo, chūqu sànsanbù ba

타이양 쩌머 하오, 추취 싼산뿌 바

오늘은 아무 데도 안 나가요.

今天哪儿也不去。

Jīntiān nǎr yě búqù

진티엔 날 이에 부취

시내에 나가서 물건 좀 사려고 해요.

上街买点儿东西。

Shàngjiē mǎi diǎnr dōngxi

샹지에 마이 디알 똥시

다음 문장을 중국어로 말할 수 있는지 쓰면서 체크해 보세요.

오늘은 무엇을 할래요?

- 今天你 ☐ ?

오늘은 집에 있어요, 아니면 밖에 나가요?

- 今天 ☐ 还是 ☐ ?

어디로 놀러 가고 싶어요!

- 去哪儿 ☐ 玩儿吧!

햇빛이 이렇게 좋으니 산책이나 나갑시다.

- 太阳这么好, ☐ 吧。

오늘은 아무 데도 안 나가요.

- 今天哪儿也 ☐ 。

시내에 나가서 물건 좀 사려고 해요.

- 上街 ☐ 东西。

A: **我们去散散步吧!**
Wǒmen qù sànsanbù ba
워먼 취 싼산뿌 바
우리 산책이나 갑시다!

B: **行。**
Xíng
싱
좋아요.

PART

02

你说汉语说得很好

읽을 줄 알고 쓸 줄 알고 말할 줄 안다!

학교생활

Unit 01 출신학교와 전공

>> 녹음을 듣고 소리내어 읽어볼까요? <<< 듣기 >>>

어느 학교에 다니세요?

你在哪个学校念书?

Nǐ zài nǎge xuéxiào niànshū

니 짜이 나거 쉬에시아오 니엔쑤

저는 대학원에 다녀요.

我在研究所念书。

Wǒ zài yánjiūsuǒ niànshū

워 짜이 이엔지어우쑤어 니엔쑤

무얼 전공하십니까?

你是哪个专业的?

Nǐ shì nǎge zhuānyè de

니 스 나거 쭈안이에 더

교육학을 전공하고 있습니다.

我专攻教育学呢。

Wǒ zhuāngōng jiàoyùxué ne

워 쭈안꽁 지아오위쉬에 너

어떤 학위를 가지고 계십니까?

请问你有什么学位?

Qǐngwèn nǐ yǒu shénme xuéwèi

칭원 니 여우 션머 쉬에웨이

몇 년도에 졸업하셨어요?

你哪年毕业的?

Nǐ nǎnián bìyè de

니 나니엔 삐이에 더

다음 문장을 중국어로 말할 수 있는지 쓰면서 체크해 보세요.

어느 학교에 다니세요?

- 你在 ⬚⬚⬚ 念书?

저는 대학원에 다녀요.

- 我在 ⬚⬚⬚ 念书。

무얼 전공하십니까?

- 你是哪个 ⬚⬚ 的?

교육학을 전공하고 있습니다.

- 我专攻 ⬚⬚⬚ 呢。

어떤 학위를 가지고 계십니까?

- 请问你有 ⬚⬚⬚⬚ ?

몇 년도에 졸업하셨어요?

- 你哪年 ⬚⬚ 的?

 Mini Talk

A: 你在哪个大学念书?
Nǐ zài nǎge dàxué niànshū
니 짜이 나거 따쉐에 니엔쑤
어느 대학교에 다니세요?

B: 我在北京大学念书。
Wǒ zài Běijīngdàxué niànshū
워 짜이 베이징따쉐에 니엔쑤
북경대학교에 다닙니다.

당신은 학교에 다니죠?

你是上学的吗?

Nǐ shì shàngxué de ma

니 스 샹쉬에 더 마

당신은 학생이죠?

你是学生吧?

Nǐ shì xuéshēng ba

니 스 쉬에셩 바

당신은 대학생이세요?

你是大学生吗?

Nǐ shì dàxuéshēng ma

니 스 따쉬에셩 마

저는 대학생입니다.

我是大学生。

Wǒ shì dàxuéshēng

워 스 따쉬에셩

몇 학년이세요?

几年级了?

Jǐ niánjí le

지 니엔지 러

아들은 초등학생입니다.

我儿子是小学生。

Wǒ érzi shì xiǎoxuéshēng

워 얼즈 스 시아오쉬에셩

다음 문장을 중국어로 말할 수 있는지 쓰면서 체크해 보세요.

당신은 학교에 다니죠?

● 你是 ⬜ 的吗?

당신은 학생이죠?

● 你是 ⬜ 吧?

당신은 대학생이세요?

● 你是 ⬜ 吗?

저는 대학생입니다.

● 我是 ⬜ 。

몇 학년이세요?

● ⬜ 级了?

아들은 초등학생입니다.

● 我儿子是 ⬜ 。

 Mini Talk

A: **你几年级?**
Nǐ jǐ niánjí
니 지 니엔지
몇 학년이세요?

B: **我是大学三年级的。**
Wǒ shì dàxué sān niánjí de
워 스 따쉬에 싼 니엔지 더
대학교 3학년입니다.

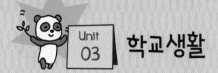

이 대학의 1년 학비는 얼마입니까?

这所大学一年的学费是多少?

Zhè suǒ dàxué yìnián de xuéfèi shì duōshǎo

쩌 쑤어 따쉬에 이니엔 더 쉬에페이 스 뚜어샤오

아르바이트를 하고 있나요?

你正在打工吗?

Nǐ zhèngzài dǎgōng ma

니 쩡짜이 다꽁 마

저는 아르바이트를 하면서 공부하고 있어요.

我是一边打工一边读书的。

Wǒ shì yìbiān dǎgōng yìbiān dúshū de

워 스 이삐엔 다꽁 이삐엔 두쑤 더

어떤 동아리 활동을 하고 있니?

你加入什么团体活动?

Nǐ jiārù shénme tuántǐ huódòng

니 지아루 션머 투안티 후어똥

장학금 신청했니?

申请奖学金了吗?

Shēnqǐng jiǎngxuéjīn le ma

션칭 지앙쉬에진 러 마

너 논문 다 썼니?

你的论文写完了吗?

Nǐ de lùnwén xiě wánle ma

니 더 룬원 시에 완러 마

다음 문장을 중국어로 말할 수 있는지 쓰면서 체크해 보세요.

이 대학의 1년 학비는 얼마입니까?

- 这所大学 ⬜⬜⬜ 是多少?

아르바이트를 하고 있나요?

- 你正在 ⬜⬜ 吗?

저는 아르바이트를 하면서 공부하고 있어요.

- 我是 ⬜⬜⬜ 一边读书的。

어떤 동아리 활동을 하고 있니?

- 你加入什么 ⬜⬜⬜ ?

장학금 신청했니?

- 申请 ⬜⬜⬜ 了吗?

너 논문 다 썼니?

- 你的 ⬜⬜⬜ 了吗?

 Mini Talk

A: 听说你去留学，是真的吗?
　Tīngshuō nǐ qù liúxué, shì zhēn de ma
　팅수어 니 취 리우쉬에, 스 쩐 더 마
　유학 간다는 게 정말이니?

B: 是啊，幸亏拿到了奖学金。
　Shì a, xìngkuī nádàole jiǎngxuéjīn
　스 아, 싱쿠아이 나따오러 지앙쉬에진
　응, 다행히 장학금을 받게 되었어.

수강신청과 학점

>> 녹음을 듣고 소리내어 읽어볼까요? <<< 듣기 >>>

너 수강 신청 다 했어?

你选课申请都完成了吗?

Nǐ xuǎnkè shēnqǐng dōu wánchéngle ma

니 쉬엔크어 션칭 떠우 완청러 마

수강신청 마감일이 언제입니까?

选课申请截止到什么时候?

Xuǎnkè shēnqǐng jiézhǐ dào shénmeshíhou

쉬엔크어 션칭 지에즈 따오 션머스허우

언제까지 수강신청을 변경할 수 있습니까?

到什么时候可以更换课程?

Dào shénmeshíhou kěyǐ gēnghuàn kèchéng

따오 션머스허우 크어이 끄엉후안 크어청

너 학점은 충분하니?

你的学分够了吗?

Nǐ de xuéfēn gòule ma

니 더 쉬에펀 꺼우러 마

너 학점은 어떻게 나왔어?

你的学分是多少?

Nǐ de xuéfēn shì duōshǎo

니 더 쉬에펀 스 뚜어샤오

너는 올해 몇 학점 땄니?

你今年拿到几个学分?

Nǐ jīnnián nádào jǐgè xuéfēn

니 진니엔 나따오 지끄어 쉬에펀

다음 문장을 중국어로 말할 수 있는지 쓰면서 체크해 보세요.

너 수강 신청 다 했어?

• 你 ___ 都完成了吗?

수강신청 마감일이 언제입니까?

• 选课申请 ___ 到什么时候?

언제까지 수강신청을 변경할 수 있습니까?

• 到什么时候可以 ___ ?

너 학점은 충분하니?

• 你的 ___ 够了吗?

너 학점은 어떻게 나왔어?

• 你的 ___ 是 ___ ?

너는 올해 몇 학점 땄니?

• 你今年拿到 ___ ?

A: 这个学期申请了几学分?
Zhège xuéqī shēnqǐngle jǐ xuéfēn
쩌거 쉬에치 션칭러 지 쉬에펀
이번 학기에 몇 학점 신청했니?

B: 我听18个学分。
Wǒ tīng shíbā gè xuéfēn
워 팅 스빠 끄어 쉬에펀
나는 18학점 들어.

수업이 곧 시작됩니다.

快开始上课了。

Kuài kāishǐ shàngkèle

쿠아이 카이스 샹크어러

질문 있으면 하세요.

有什么问题，就说吧。

Yǒu shénme wèntí, jiù shuō ba

여우 션머 원티, 지어우 수어 바

선생님, 질문 있습니다.

老师，我有一个问题。

Lǎoshī, wǒ yǒu yígè wèntí

라오스, 워 여우 이끄어 원티

수업할 때 옆 사람과 말하지 마세요.

上课时，不要跟别人说话。

Shàngkè shí, búyaò gēn biérén shuōhuà

샹크어 스, 부야오 끄언 비에런 수어후아

오늘 수업은 여기까지예요.

今天讲到这儿。

Jīntiān jiǎng dào zhèr

진티엔 지앙 따오 쩔

이 수업은 너무 어려워 재미가 없어요.

这个课太难，没意思。

Zhège kè tài nán, méiyìsī

쩌거 크어 타이 난, 메이이쓰

다음 문장을 중국어로 말할 수 있는지 쓰면서 체크해 보세요.

수업이 곧 시작됩니다.

- 快开始 ☐ 了。

질문 있으면 하세요.

- 有什么问题, ☐ 吧。

선생님, 질문 있습니다.

- 老师, 我有 ☐ 。

수업할 때 옆 사람과 말하지 마세요.

- 上课时, 不要跟 ☐ 。

오늘 수업은 여기까지예요.

- 今天讲 ☐ 。

이 수업은 너무 어려워 재미가 없어요.

- 这个课太难, ☐ 。

A: 你几点下课?
Nǐ jǐdiǎn xiàkè
니 지디엔 시아크어
몇 시에 수업이 끝나요?

B: 下午四点下课。
Xiàwǔ sìdiǎn xiàkè
시아우 쓰디엔 시아크어
오후 4시에 수업이 끝나요.

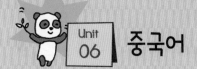

중국어를 얼마 동안이나 배우셨어요?

你学汉语学多久了?

Nǐ xué Hànyǔ xué duōjiǔ le

니 쉬에 한위 쉬에 뚜어지어우 러

중국어가 어렵나요?

汉语难吗?

Hànyǔ nán ma

한위 난 마

중국어는 한국어보다 훨씬 어려워요.

汉语比韩国话难得多。

Hànyǔ bǐ Hánguóhuà nándé duō

한위 비 한구어후아 난더 뚜어

중국어를 잘 하시네요.

你说汉语说得很好。

Nǐ shuō Hànyǔ shuōdé hěnhǎo

니 수어 한위 수어더 흐언하오

당신의 중국어 수준은 날이 갈수록 좋아지네요.

你的汉语水平，一天比一天好。

Nǐ de Hànyǔ shuǐpíng, yìtiān bǐ yìtiān hǎo

니 더 한위 수에이핑,이티엔 비 이티엔 하오

요즘 중국어 공부하는 것이 어때요?

最近学习汉语怎么样?

Zuìjìn xuéxí Hànyǔ zěnmeyàng

쭈에이진 쉬에시 한위 전머양

다음 문장을 중국어로 말할 수 있는지 쓰면서 체크해 보세요.

중국어를 얼마 동안이나 배우셨어요?

- 你 [   ] 学多久了?

중국어가 어렵나요?

- 汉语 [ ] 吗?

중국어는 한국어보다 훨씬 어려워요.

- 汉语比韩国话 [   ] 。

중국어를 잘 하시네요.

- 你说汉语 [   ] 。

당신의 중국어 수준은 날이 갈수록 좋아지네요.

- 你的 [   ] , 一天比一天好。

요즘 중국어 공부하는 것이 어때요?

- 最近 [   ] 怎么样?

 Mini Talk

A: **你学汉语学多久了?**
Nǐ xué Hànyǔ xué duōjiǔ le
니 쉬에 한위 쉬에 뚜어지어우 러
중국어를 얼마 동안이나 배우셨어요?

B: **我学汉语学四年了。**
Wǒ xué Hànyǔ xué sìnián le
워 쉬에 한위 쉬에 쓰니엔 러
저는 중국어를 4년 배웠어요.

언제부터 시험이죠?

什么时候开始考试?

Shénmeshíhòu kāishǐ kǎoshì

션머스허우 카이스 카오스

곧 기말고사가 있어요.

快到期末考试了。

Kuài dào qīmòkǎoshì le

쿠아이 따오 치모어카오스 러

이제 공부를 좀 해야 할 것 같아요.

我该做一做功课了。

Wǒ gaī zuòyízuò gōngkè le

워 까이 쭈어이쭈어 꽁크어 러

공부 다 했니?

都复习好了吗?

Dōu fùxí hǎo le ma

떠우 푸시 하오 러 마

시험 잘 봤니?

考得好吗?

Kǎo de hǎo ma

카오 더 하오 마

시험 결과는 어떻게 되었어?

考试结果怎么样了?

Kǎoshì jiéguǒ zěnmeyàng le

카오스 지에구어 전머양 러

다음 문장을 중국어로 말할 수 있는지 쓰면서 체크해 보세요.

언제부터 시험이죠?

- 什么时候开始 ⬚ ？

곧 기말고사가 있어요.

- 快到 ⬚ 了。

이제 공부를 좀 해야 할 것 같아요.

- 我该做一做 ⬚ 了。

공부 다 했니?

- 都 ⬚ 好了吗?

시험 잘 봤니?

- ⬚ 吗?

시험 결과는 어떻게 되었어?

- ⬚ 怎么样了?

💬💬 **Mini Talk**

A: **考试结果怎么样?**
　Kǎoshì jiéguǒ zěnmeyàng
　카오스 지에구어 전머양
　시험 결과는 어때?

B: **得了100分，太高兴了。**
　Déle bǎifēn, tài gāoxìng le
　드어러 바이펀, 타이 까오싱 러
　100점 받았어. 너무 기뻐.

공부 잘 해요?

学习成绩好吗?

Xuéxíchéngjì hǎo ma

쉬에시청지 하오 마

성적이 올랐어요.

成绩上去了。

Chéngjì shàngqùle

청지 샹취러

영어 성적은 어땠어?

英语成绩怎么样?

Yīngyǔ chéngjī zěnmeyàng

잉위 청지 전머양

그는 중국어 성적이 특히 좋아요.

他的汉语成绩特别好。

Tā de Hànyǔ chéngjì tèbié hǎo

타 더 한위 청지 트어비에 하오

그녀는 학교에서 성적이 제일 좋아요.

她在学校里成绩最好。

Tā zài xuéxiào lǐ chéngjì zuìhǎo

타 짜이 쉬에시아오 리 청지 쭈에이하오

그는 우리반에서 성적이 꼴찌였어요.

他在我们班成绩最差。

Tā zài wǒmen bān chéngjì zuìchà

타 짜이 워먼 빤 청지 쭈에이차

다음 문장을 중국어로 말할 수 있는지 쓰면서 체크해 보세요.

공부 잘 해요?

- 学习 [　　] 好吗?

성적이 올랐어요.

- 成绩 [　　] 。

영어 성적은 어땠어?

- [　　] 成绩怎么样?

그는 중국어 성적이 특히 좋아요.

- 他的汉语成绩 [　　] 。

그녀는 학교에서 성적이 제일 좋아요.

- 她在学校里 [　　] 。

그는 우리반에서 성적이 꼴찌였어요.

- 他在我们班 [　　] 。

A: 这个学期的成绩怎么样?
Zhège xuéqī de chéngjì zěnmeyàng
쩌거 쉬에치 더 청지 전머양
이번 학기 성적은 어때?

B: 比想象的差多了。
Bǐ xiǎngxiàng de chà duō le
비 시앙시앙 더 차 뚜어 러
예상보다 훨씬 못해.

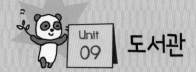

이 책 세 권을 빌리고 싶은데요.

我想借这3本书。

Wǒ xiǎng jiè zhè sānběnshū

워 시앙 지에 쩌 싼번쑤

대출증을 보여 주세요.

给我看一下借阅证。

Gěi wǒ kàn yíxià jièyuèzhèng

게이 워 칸 이시아 지에위에쩡

대출기간은 며칠입니까?

借书期限是几天?

Jièshū qīxiàn shì jǐtiān

지에쑤 치시엔 스 지티엔

연장 대출이 가능합니까?

可以续借吗?

Kěyǐ xùjiè ma

크어이 쉬지에 마

열람실에서는 휴대폰을 사용할 수 없습니다.

在阅览室不能使用手机。

Zài yuèlǎnshì bùnéng shǐyòng shǒujī

짜이 위에란스 뿌넝 스용 셔우지

복사기를 쓸 수 있습니까?

我可以使用复印机吗?

Wǒ kěyǐ shǐyòng fùyìnjī ma

워 크어이 스용 푸인지 마

다음 문장을 중국어로 말할 수 있는지 쓰면서 체크해 보세요.

이 책 세 권을 빌리고 싶은데요.

- 我 ☐ 这3本书。

대출증을 보여 주세요.

- 给我看一下 ☐ 。

대출기간은 며칠입니까?

- ☐ 是几天?

연장 대출이 가능합니까?

- 可以 ☐ 吗?

열람실에서는 휴대폰을 사용할 수 없습니다.

- 在阅览室不能 ☐ 。

복사기를 쓸 수 있습니까?

- 我可以使用 ☐ 吗?

 Mini Talk

A: 一次能借几本书?
Yícì néng jiè jǐ běnshū
이츠 넝 지에 지 번쑤
한 번에 몇 권까지 빌릴 수 있습니까?

B: 可以借3本，两周内要退还。
Kěyǐ jiè sān běn, liǎngzhōu nèi yào tuìhuán
크어이 지에 싼 번, 리앙쩌우 네이 야오 투에이후안
3권 빌릴 수 있습니다. 2주 안에 반납해야 합니다.

유학생 기숙사가 있습니까?

有留学生宿舍吗?

Yǒu liúxuéshēng sùshè ma

여우 리우쉬에성 쑤셔 마

기숙사 안에 학생식당이 있습니까?

宿舍区内有学生食堂吗?

Sùshè qūnèi yǒu xuésheng shítáng ma

쑤셔 취네이 여우 쉬에성 스탕 마

기숙사 생활은 어때요?

宿舍生活怎么样?

Sùshè shēnghuó zěnmeyàng

쑤셔 성후어 전머양

나는 룸메이트와 사이가 좋아요.

我和同屋关系很好。

Wǒ hé tóngwū guānxi hěnhǎo

워 흐어 통우 꾸안시 흐언하오

방학기간에도 기숙사에 머물 수 있습니까?

放假期间，可以留在宿舍吗?

Fàngjià qījiān, kěyǐ liúzài sùshè ma

팡지아 치지엔, 크어이 리우짜이 쑤셔 마

외부인 출입을 허용합니까?

允许外人出入吗?

Yǔnxǔ wàirén chūrù ma

윈쉬 와이런 추루 마

다음 문장을 중국어로 말할 수 있는지 쓰면서 체크해 보세요.

유학생 기숙사가 있습니까?

- 有留学生 [　　] 吗?

기숙사 안에 학생식당이 있습니까?

- 宿舍区内有 [　　　　] 吗?

기숙사 생활은 어때요?

- [　　　　] 怎么样?

나는 룸메이트와 사이가 좋아요.

- 我和 [　　　　] 很好。

방학기간에도 기숙사에 머물 수 있습니까?

- 放假期间, 可以 [　　　　] 吗?

외부인 출입을 허용합니까?

- 允许 [　　　　] 吗?

Mini Talk

A: **这所学校有宿舍吗?**
Zhè suǒ xuéxiào yǒu sùshè ma
쩌 쑤어 쉬에시아오 여우 쑤셔 마
이 학교는 기숙사가 있습니까?

B: **有专门为留学生准备的宿舍。**
Yǒu zhuānmén wèi liúxuéshēng zhǔnbèi de sùshè
여우 쭈안먼 웨이 리우쉬에셩 준뻬이 더 쑤셔
유학생 전용 기숙사가 준비되어 있습니다.

PART

03

一天工作几个小时?

직장생활

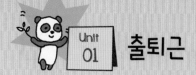

지금 출근하십니까?
你现在上班吗?
Nǐ xiànzài shàngbān ma
니 시엔짜이 샹빤 마

몇 시까지 출근하세요?
你到几点上班?
Nǐ dào jǐdiǎn shàngbān
니 따오 지디엔 샹빤

출근시간은 일정하지 않아요.
上班的时间不一定。
Shàngbān de shíjiān bùyídìng
샹빤 더 스지엔 뿌이띵

당신은 보통 어떻게 출퇴근 하세요?
你一般怎么上下班?
Nǐ yìbān zěnme shàngxiàbān
니 이빤 전머 샹시아빤

통상 지하철로 출퇴근해요.
通常坐地铁上下班。
Tōngcháng zuò dìtiě shàngxiàbān
통창 쭈어 띠티에 샹시아빤

회사까지 가는 통근차가 있어요?
有没有到公司的班车?
Yǒuméiyǒu dào gōngsī de bānchē
여우메이여우 따오 꽁쓰 더 빤처

다음 문장을 중국어로 말할 수 있는지 쓰면서 체크해 보세요.

지금 출근하십니까?

- 你现在 ☐ 吗?

몇 시까지 출근하세요?

- 你 ☐ 上班?

출근시간은 일정하지 않아요.

- 上班的时间 ☐ 。

당신은 보통 어떻게 출퇴근 하세요?

- 你一般怎么 ☐ ?

통상 지하철로 출퇴근해요.

- 通常 ☐ 上下班。

회사까지 가는 통근차가 있어요?

- 有没有到 ☐ ?

 Mini Talk

A: **你每天几点上班?**
Nǐ měitiān jǐdiǎn shàngbān
니 메이티엔 지디엔 상빤
매일 몇 시에 출근하세요?

B: **我每天早上八点钟上班。**
Wǒ měitiān zǎoshang bādiǎn zhōng shàngbān
워 메이티엔 자오샹 빠디엔 쯩 상빤
저는 매일 오전 8시에 출근합니다.

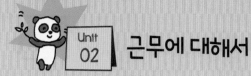
>> 녹음을 듣고 소리내어 읽어볼까요? <<< 듣기 >>>

하루에 몇 시간씩 일하세요?

一天工作几个小时?

Yìtiān gōngzuò jǐgè xiǎoshí

이티엔 꽁쭈어 지끄어 시아오스

1주일에 며칠 일하세요?

你一周工作几天?

Nǐ yìzhōu gōngzuò jǐtiān

니 이쩌우 꽁쭈어 지티엔

점심휴식 시간은 얼마나 됩니까?

你们午休时间多长?

Nǐmen wǔxiū shíjiān duō cháng

니먼 우시어우 스지엔 뚜어 창

당신네 회사는 자주 잔업을 합니까?

你们公司经常加班吗?

Nǐmen gōngsī jīngcháng jiābān ma

니먼 꽁쓰 징창 지아빤 마

잔업은 늘 합니까?

经常加班吗?

Jīngcháng jiābān ma

징창 지아빤 마

어제는 2시간 잔업을 했어요.

昨天加了两个小时班。

Zuótiān jiāle liǎnggè xiǎoshí bān

쭈어티엔 지아러 리앙끄어 시아오스 빤

다음 문장을 중국어로 말할 수 있는지 쓰면서 체크해 보세요.

하루에 몇 시간씩 일하세요?

- 一天 ☐ 几个小时?

1주일에 며칠 일하세요?

- 你一周 ☐ ?

점심휴식 시간은 얼마나 됩니까?

- 你们 ☐ 多长?

당신네 회사는 자주 잔업을 합니까?

- 你们公司经常 ☐ 吗?

잔업은 늘 합니까?

- ☐ 加班吗?

어제는 2시간 잔업을 했어요.

- 昨天 ☐ 两个小时班。

 Mini Talk

A: **今天又加班吗?**
Jīntiān yòu jiābān ma
진티엔 여우 지아빤 마
오늘 또 잔업해요?

B: **是的，这几天几乎每天都加班。**
Shì de, zhè jǐtiān jǐhū měitiān dōu jiābān
스 더, 쩌 지티엔 지후 메이티엔 떠우 지아빤
그렇습니다, 요즘은 거의 매일 초과근무를 해요.

상사가 누구세요?

你的上级是谁?

Nǐ de shàngjí shì shuí

니 더 샹지 스 수에이

그 사람 어때요?

那个人怎么样?

Nàge rén zěnmeyàng

나거 런 전머양

그는 잔소리가 심해요.

他可愿意罗嗦了。

Tā kě yuànyì luósuō le

타 크어 위엔이 루어쑤어 러

당신 상사와의 관계는 어떠세요?

你跟领导的关系怎么样?

Nǐ gēn lǐngdǎo de guānxì zěnmeyàng

니 끄언 링다오 더 꾸안시 전머양

나는 그 사람하고 마음이(손발이) 안 맞아요.

我跟他合不来。

Wǒ gēn tā hébùlái

워 끄언 타 흐어뿌라이

그 사람은 시간을 아주 잘 지켜요.

他非常守时。

Tā fēicháng shǒu shí

타 페이창 셔우 스

다음 문장을 중국어로 말할 수 있는지 쓰면서 체크해 보세요.

상사가 누구세요?

- 你的 ☐ 是谁?

그 사람 어때요?

- ☐ 怎么样?

그는 잔소리가 심해요.

- 他可愿意 ☐ 了。

당신 상사와의 관계는 어떠세요?

- 你跟 ☐ 怎么样?

나는 그 사람하고 마음이(손발이) 안 맞아요.

- 我跟他 ☐ 。

그 사람은 시간을 아주 잘 지켜요.

- 他非常 ☐ 。

 Mini Talk

A: 你跟上级的关系怎么样?
Nǐ gēn shàngjí de guānxì zěnmeyàng
니 끄언 샹지 더 꾸안시 전머양
당신 상사와의 사이가 어떠세요?

B: 我讨厌我上司。
Wǒ tǎoyàn wǒ shàngsi
워 타오이엔 워 샹쓰
저는 제 상사가 싫습니다.

귀사에 대해 좀 자세히 알고 싶습니다.

我想了解一下贵公司。

Wǒ xiǎng liǎojiě yíxià guì gōngsī

워 시앙 리아오지에 이시아 꾸에이 꽁쓰

귀사의 공식 명칭은 무엇입니까?

请问贵公司的全称?

Qǐngwèn guì gōngsī de quánchēng

칭원 꾸에이 꽁쓰 더 취엔청

우리 회사는 본사가 서울에 있어요.

我们公司的总部在首尔。

Wǒmen gōngsī de zǒngbù zài Shǒu'ěr

워먼 꽁쓰 더 종뿌 짜이 셔우얼

여기가 우리 회사의 본부입니다.

这儿是我们的总公司。

Zhèr shì wǒmen de zǒnggōngsī

쩔 스 워먼 더 종꽁쓰

여기가 우리 회사의 공장입니다.

这里是我们公司的工厂。

Zhèlǐ shì wǒmen gōngsī de gōngchǎng

쩌리 스 워먼 꽁쓰 더 꽁창

제가 공장을 안내해 드리겠습니다.

让我带您看看我们的工厂。

Ràng wǒ dài nín kànkan wǒmen de gōngchǎng

랑 워 따이 닌 칸칸 워먼 더 꽁창

다음 문장을 중국어로 말할 수 있는지 쓰면서 체크해 보세요.

귀사에 대해 좀 자세히 알고 싶습니다.

- 我想了解一下 ⬚ 。

귀사의 공식 명칭은 무엇입니까?

- 请问贵公司的 ⬚ ？

우리 회사는 본사가 서울에 있어요.

- 我们 ⬚ 在首尔。

여기가 우리 회사의 본부입니다.

- 这儿是我们的 ⬚ 。

여기가 우리 회사의 공장입니다.

- 这里是我们 ⬚ 。

제가 공장을 안내해 드리겠습니다.

- 让我带您看看 ⬚ 。

A: **这公司里有多少员工?**
Zhè gōngsī lǐ yǒu duōshǎo yuángōng
쩌 꽁쓰 리 여우 뚜어샤오 위엔꽁
이 회사에는 직원이 몇 명입니까?

B: **我们公司里有三百多员工。**
Wǒmen gōngsī lǐ yǒu sānbǎi duō yuángōng
워먼 꽁쓰 리 여우 싼바이 뚜어 위엔꽁
우리 회사의 직원은 300여명입니다.

나 대신 이 일 좀 해 줘요.

替我做一下这件事。

Tì wǒ zuò yíxià zhè jiàn shì

티 워 쭈어 이시아 쩌 지엔 스

안 바쁘면, 나 좀 도와줄 수 있어요?

不忙的话，能帮我个忙吗?

Bùmáng de huà, néng bāng wǒ gè máng ma

뿌망 더 후아, 넝 빵 워 끄어 망 마

어제 부탁한 보고서는 다 됐어요?

昨天让你写的报告弄好了吗?

Zuótiān ràng nǐ xiě de bàogào nòng hǎo le ma

주어티엔 랑 니 시에 더 빠오까오 농 하오 러 마

언제쯤 끝낼 수 있어요?

什么时候能完成?

Shénmeshíhòu néng wánchéng

션머스허우 넝 완청

결과가 어떻습니까? 마음에 드십니까?

结果怎么样? 满意吗?

Jiéguǒ zěnmeyàng? Mǎnyì ma

지에구어 전머양? 만이 마

여기에 서명해 주십시오.

请在这儿签名。

Qǐng zài zhèr qiānmíng

칭 짜이 쩔 치엔밍

나 대신 이 일 좀 해 줘요.

- 替我做一下 ⬚ 。

안 바쁘면, 나 좀 도와줄 수 있어요?

- ⬚ , 能帮我个忙吗?

어제 부탁한 보고서는 다 됐어요?

- 昨天让你写的 ⬚ 弄好了吗?

언제쯤 끝낼 수 있어요?

- 什么时候能 ⬚ ?

결과가 어떻습니까? 마음에 드십니까?

- 结果怎么样? ⬚ ?

여기에 서명해 주십시오.

- 请在这儿 ⬚ 。

Mini Talk

A: 那项工程进展得怎么样?
Nà xiàng gōngchéngjìnzhǎn de zěnmeyàng
나 시앙 꽁청진잔 더 전머양
어느 정도까지 일이 진척되었죠?

B: 快要完工了。
Kuàiyào wángōngle
쿠아이야오 완꽁러
거의 완공되어 가고 있습니다.

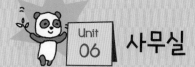

여기서 팩스를 보낼 수 있나요?

在这儿能不能发传真?

Zài zhèr néngbùnéng fā chuánzhēn

짜이 쩔 넝뿌넝 파 추안쩐

팩스를 보냈나요?

你发传真了没有?

Nǐ fā chuánzhēn le méiyǒu

니 파 추안쩐 러 메이여우

그 복사기는 고장났어요.

那个复印机出毛病了。

Nàge fùyìnjī chūmáobingle

나거 푸인지 추마오빙러

그 문서 이름이 뭐죠?

那个文件名称是什么?

Nàge wénjiàn míngchēng shì shénme

나거 원지엔 밍청 스 션머

내 컴퓨터가 바이러스에 걸렸어요.

我的电脑染上了病毒。

Wǒ de diànnǎo rǎnshàngle bìngdú

워 더 띠엔나오 란샹러 삥두

제가 사장님께 이메일을 보냈어요.

我给总经理发伊妹儿。

Wǒ gěi zǒngjīnglǐ fā yīmèir

워 게이 종징리 파 이메이얼

다음 문장을 중국어로 말할 수 있는지 쓰면서 체크해 보세요.

여기서 팩스를 보낼 수 있나요?

- 在这儿能不能发 ⬜ ?

팩스를 보냈나요?

- 你 ⬜ 了没有?

그 복사기는 고장났어요.

- 那个 ⬜ 出毛病了。

그 문서 이름이 뭐죠?

- 那个 ⬜ 是什么?

내 컴퓨터가 바이러스에 걸렸어요.

- 我的 ⬜ 染上了病毒。

제가 사장님께 이메일을 보냈어요.

- 我给总经理发 ⬜ 。

 Mini Talk

A: 你能帮我复印一下吗?
Nǐ néng bāng wǒ fùyìn yíxià ma
니 넝 빵 워 푸인 이시아 마
복사 좀 해 줄 수 있어요?

B: 好吧。
Hǎo ba
하오 바
그러지요.

Unit 07 입사와 승진·이동

>> 녹음을 듣고 소리내어 읽어볼까요? <<< 듣기 >>>

우리 회사에 입사한 것을 환영합니다.

欢迎您进我们公司。

Huānyíng nín jìn wǒmen gōngsī

후안잉 닌 진 워먼 꽁쓰

여기서 일하게 되어 정말 기쁩니다.

我到这儿来工作，真高兴。

Wǒ dào zhèr lái gōngzuò, zhēn gāoxìng

워 따오 쩔 라이 꽁쭈어, 쩐 까오싱

여러분의 많은 지도 부탁드립니다.

请你们多多指教。

Qǐng nǐmen duōduō zhǐjiào

칭 니먼 뚜어뚜어 즈지아오

우리 부서에 오신 것을 환영합니다.

欢迎你来我们部门。

Huānyíng nǐ lái wǒmen bùmén

후안잉 니 라이 워먼 뿌먼

제 중국어 수준이 별로 좋지 않으니, 이해해 주십시오.

我的汉语水平不怎么好，请你谅解。

Wǒ de Hànyǔ shuǐpíng bù zěnme hǎo, qǐng nǐ liàngjiě

워 더 한위 수에이핑 뿌 전머 하오, 칭 니 리앙지에

승진을 축하합니다.

祝贺你升职。

Zhùhè nǐ shēngzhí

쭈흐어 니 셩즈

다음 문장을 중국어로 말할 수 있는지 쓰면서 체크해 보세요.

우리 회사에 입사한 것을 환영합니다.

- 欢迎您进 [   ] 。

여기서 일하게 되어 정말 기쁩니다.

- 我到这儿来工作, [   ] 。

여러분의 많은 지도 부탁드립니다.

- 请你们多多 [   ] 。

우리 부서에 오신 것을 환영합니다.

- 欢迎你来 [   ] 。

제 중국어 수준이 별로 좋지 않으니, 이해해 주십시오.

- 我的汉语水平不怎么好, [   ] 。

승진을 축하합니다.

- 祝贺你 [   ] 。

 Mini Talk

A: 欢迎您进我们公司。
Huānyíng nín jìn wǒmen gōngsī
후안잉 닌 찐 워먼 꽁쓰
우리 회사에 입사한 것을 환영합니다.

B: 这么欢迎我，我表示感谢!
Zhème huānyíng wǒ, wǒ biǎoshì gǎnxiè
쩌머 후안잉 워, 워 비아오스 간시에
이렇게 환영해 주셔서 감사합니다.

>> 녹음을 듣고 소리내어 읽어볼까요? <<< 듣기 >>>

수입은 어때요?

收入怎么样?

Shōurù zěnmeyàng

셔우루 전머양

연봉이 얼마나 됩니까?

年薪多少?

Niánxīn duōshǎo

니엔신 뚜어샤오

실질임금은 그리 많지 않아요.

实际工资不太多。

Shíjìgōngzī bú tàiduō

스지꽁쯔 부 타이뚜어

오늘은 월급날입니다.

今天发工资。

Jīntiān fā gōngzī

진티엔 파 꽁쯔

내 월급은 많아요.

我的薪水很高。

Wǒ de xīnshuǐ hěn gāo

워 더 신수에이 흐언 까오

내 월급은 너무 적어요.

我的薪水太低了。

Wǒ de xīnshuǐ tài dī le

워 더 신수에이 타이 띠 러

다음 문장을 중국어로 말할 수 있는지 쓰면서 체크해 보세요.

수입은 어때요?

● [____] 怎么样?

연봉이 얼마나 됩니까?

● [____] 多少?

실질임금은 그리 많지 않아요.

● 实际工资 [____] 。

오늘은 월급날입니다.

● 今天发 [____] 。

내 월급은 많아요.

● 我的薪水 [____] 。

내 월급은 너무 적어요.

● 我的薪水 [____] 。

 Mini Talk

A: 你一个月薪水是多少?
　　Nǐ yígè yuè xīnshuǐ shì duōshǎo
　　니 이끄어 위에 신수에이 스 뚜어샤오
　　당신의 한 달 월급은 얼마입니까?

B: 我的薪水是一个月八百五十块钱。
　　Wǒ de xīnshuǐ shì yígè yuè bābǎiwǔshíkuài qián
　　워 더 신수에이 스 이끄어 위에 빠바이우스쿠아이 치엔
　　내 월급은 한 달에 850원입니다.

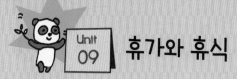

곧 휴가철이 되겠구나.

快到休假期了。

Kuài dào xiūjiàqī le

쿠아이 따오 시어우지아치 러

이번 휴가는 며칠 쉬세요?

这次休几天假?

Zhècì xiū jǐtiān jià

쩌츠 시어우 지티엔 지아

이번 휴가를 어떻게 보내실 겁니까?

这次休假你打算怎么过?

Zhècì xiūjià nǐ dǎsuàn zěnme guò

쩌츠 시어우지아 니 다쑤안 전머 꾸어

이번 휴가 때는 어디로 갈 생각이세요?

这次休假的时候你打算去哪儿?

Zhècì xiūjià de shíhòu nǐ dǎsuàn qù nǎr

쩌츠 시어우지아 더 스허우 니 다쑤안 취 날

연말연시 휴가는요(설 휴가)?

春节有假期吧?

Chūnjié yǒu jiàqī ba

춘지에 여우 지아치 바

매주 이틀 간 쉽니다.

每星期休息两天。

Měi xīngqī xiūxī liǎngtiān

메이 싱치 시어우시 리앙티엔

다음 문장을 중국어로 말할 수 있는지 쓰면서 체크해 보세요.

곧 휴가철이 되겠구나.

- 快到 [   ] 了。

이번 휴가는 며칠 쉬세요?

- 这次休 [   ] ?

이번 휴가를 어떻게 보내실 겁니까?

- 这次休假你打算 [   ] ?

이번 휴가 때는 어디로 갈 생각이세요?

- 这次休假的时候你打算 [   ] ?

연말연시 휴가는요(설 휴가)?

- 春节有 [   ] 吧?

매주 이틀 간 쉽니다.

- 每星期 [   ] 两天。

 Mini Talk

A: **有暑假吗?**
Yǒu shǔjià ma
여우 수지아 마
여름휴가가 있습니까?

B: **夏天有一个星期的假期。**
Xiàtiān yǒu yígè xīngqī de jiàqī
시아티엔 여우 이끄어 싱치 지아치
여름에는 1주일 휴가가 있습니다.

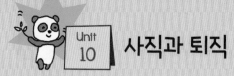

언제 퇴직하십니까?

什么时候退休?

Shénmeshíhòu tuìxiū

션머스허우 투에이시어우

당신 회사는 정년이 몇 살입니까?

你们公司规定多大岁数退休?

Nǐmen gōngsī guīdìng duōdà suìshù tuìxiū

니먼 꽁쓰 꾸에이띵 뚜어따 쑤에이쑤 투에이시어우

저는 지금 놀고 있습니다.

我现在在家歇着呢。

Wǒ xiànzài zài jiā xiēzhe ne

워 시엔짜이 짜이 지아 시에저 너

그가 사직서를 제출했어요.

他提交了辞职信。

Tā tíjiāole cízhíxìn

타 티지아오러 츠즈신

이 일에는 안 맞는 것 같아요.

我不适合做这种工作。

Wǒ bú shìhé zuò zhèzhǒng gōngzuò

워 부 스흐어 쭈어 쩌종 꽁쭈어

퇴직 후에는 무엇을 하실 겁니까?

退休后想做点儿什么?

Tuìxiū hòu xiǎng zuò diǎnr shénme

투에이시어우 허우 시앙 쭈어 디알 션머

다음 문장을 중국어로 말할 수 있는지 쓰면서 체크해 보세요.

언제 퇴직하십니까?

- 什么时候 [ ] ?

당신 회사는 정년이 몇 살입니까?

- 你们公司规定 [ ] 退休?

저는 지금 놀고 있습니다.

- 我现在在家 [ ] 呢。

그가 사직서를 제출했어요.

- 他提交了 [ ] 。

이 일에는 안 맞는 것 같아요.

- 我 [ ] 做这种工作。

퇴직 후에는 무엇을 하실 겁니까?

- [ ] 想做点儿什么?

 Mini Talk

A: **辞职的理由是什么?**
Cízhí de lǐyóu shì shénme
츠즈 더 리여우 스 션머
사직 이유가 멉니까?

B: **我早就不想干了。**
Wǒ zǎojiù bùxiǎng gān le
워 자오지어우 뿌시앙 깐 러
벌써부터 그만두려고 했습니다.

PART

04

一起吃晚饭吧。

초대와 방문

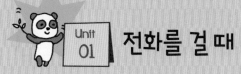

여보세요.

喂。

Wèi

웨이

전화번호는 몇 번이죠?

你的电话号码是多少?

Nǐ de diànhuà hàomǎ shì duōshao

니 더 띠엔후아 하오마 스 뚜어샤오

여보세요, 536 3355죠?

喂，5363355吗?

Wéi, wǔ sān liù sān sān wǔ wǔ ma

웨이, 우 싼 리어우 싼 싼 우 우 마

여보세요, 이선생님 댁인가요?

喂，李老师家吗?

Wéi, Lǐ lǎoshī jiā ma

웨이, 리 라오스 지아 마

이선생님 좀 바꿔주세요.

请李老师接电话。

Qǐng Lǐ lǎoshī jiē diànhuà

칭 리 라오스 지에 띠엔후아

김부장님 계십니까?

请问，金部长在不在?

Qǐngwèn, Jīn bùzhǎng zàibúzài

칭원, 진 뿌쟝 짜이부짜이

다음 문장을 중국어로 말할 수 있는지 쓰면서 체크해 보세요.

여보세요.

● ▢ 。

전화번호는 몇 번이죠?

● 你的 ▢ 是多少?

여보세요, 536 3355죠?

● ▢ , 5363355吗?

여보세요, 이선생님 댁인가요?

● ▢ , 李老师家吗?

이선생님 좀 바꿔주세요.

● 请李老师 ▢ 。

김부장님 계십니까?

● 请问，金部长 ▢ ?

 Mini Talk

A: **喂，请张先生接电话。**
Wéi, qǐng Zhāng xiānsheng jiē diànhuà
웨이, 칭 짱 시엔셩 지에 띠엔후아
여보세요, 장선생님 부탁합니다.

B: **我就是，是李先生吗?**
Wǒ jiù shì, shì Lǐ xiānsheng ma
워 지어우 스, 스 리 시엔셩 마
전데요, 이선생님이신가요?

전화 좀 받아줄래요?

帮我接接电话，好吗?

Bāng wǒ jiējie diànhuà, hǎo ma

빵 워 지에지에 띠엔후아, 하오 마

누굴 찾으세요?

你找谁?

Nǐ zhǎo shuí

니 자오 수에이

전데요, 누구시죠?

我就是，哪一位啊?

Wǒ jiùshì, nǎ yíwèi a

워 지어우스, 나 이웨이 아

어느 분을 바꿔드릴까요?

请问，换哪一位?

Qǐngwèn, huàn nǎ yíwèi

칭원, 후안 나 이웨이

지금 자리에 안 계신데요.

现在不在。

Xiànzài bú zài

시엔짜이 부 짜이

뭐라고 전해드릴까요?

我转告他什么?

Wǒ zhuǎngào tā shénme

워 주안까오 타 션머

다음 문장을 중국어로 말할 수 있는지 쓰면서 체크해 보세요.

전화 좀 받아줄래요?

• 帮我 ☐ 电话，好吗?

누굴 찾으세요?

• 你找 ☐ ?

전데요, 누구시죠?

• ☐ , 哪一位啊?

어느 분을 바꿔드릴까요?

• 请问， ☐ 哪一位?

지금 자리에 안 계신데요.

• 现在 ☐ 。

뭐라고 전해드릴까요?

• 我 ☐ 他什么?

 Mini Talk

A: 对不起，他现在不能接电话。
Duìbuqǐ, tā xiànzài bùnéng jiē diànhuà
뚜에이부치, 타 시엔차이 뿌넝 지에 띠엔후아
죄송한데 지금 전화를 받기 곤란하십니다.

B: 那转告他给我回电话，好吗?
Nà zhuǎngào tā gěi wǒ huí diànhuà, hǎo ma
나 주안까오 타 게이 워 후에이 띠엔후아, 하오 마
그러면 제게 전화 해달라고 전해주시겠어요?

Unit 03 약속을 청할 때

>> 녹음을 듣고 소리내어 읽어볼까요? <<< 듣기 >>>

시간이 있으세요?

您看有时间吗?

Nín kàn yǒu shíjiān ma

닌 칸 여우 스지엔 마

이쪽으로 좀 와주시겠어요?

您能不能到我这里来?

Nín néngbunéng dào wǒ zhèli lái

닌 넝부넝 따오 워 쩌리 라이

이번 주말에 시간 있으세요?

这个周末你有空吗?

Zhège zhōumò nǐ yǒukòng ma

쩌거 쩌우모어 니 여우콩 마

내일 약속 있으세요?

明天有没有约会?

Míngtiān yǒuméiyǒu yuēhuì

밍티엔 여우메이여우 위에후에이

몇 시가 편하세요?

几点钟方便?

Jǐdiǎn zhōng fāngbiàn

지디엔 쭝 팡삐엔

우리 어디에서 만날까요?

我们在哪儿见面?

Wǒmen zài nǎr jiànmiàn

워먼 짜이 날 지엔미엔

PART 04 초대와 방문 • 83

다음 문장을 중국어로 말할 수 있는지 쓰면서 체크해 보세요.

시간이 있으세요?

● 您看 ⬚ 吗?

이쪽으로 좀 와주시겠어요?

● 您能不能到我 ⬚ ?

이번 주말에 시간 있으세요?

● ⬚ 你有空吗?

내일 약속 있으세요?

● 明天有没有 ⬚ ?

몇 시가 편하세요?

● 几点钟 ⬚ ?

우리 어디에서 만날까요?

● 我们在哪儿 ⬚ ?

 Mini Talk

A: 今天下午怎么安排?
　　Jīntiān xiàwǔ zěnme ānpái
　　진티엔 시아우 전머 안파이
　　오늘 오후 스케줄 있어요?

B: 下午我要开会。
　　Xiàwǔ wǒ yào kāihuì
　　시아우 워 야오 카이후에이
　　오후에 회의가 있어요.

무슨 일로 절 만나자는 거죠?

你为什么要见我?

Nǐ wèishénme yào jiàn wǒ

니 웨이션머 야오 지엔 워

좋아요, 시간 괜찮아요.

好，我有时间。

Hǎo, wǒ yǒu shíjiān

하오, 워 여우 스지엔

미안해요, 제가 오늘 좀 바빠서요.

对不起，今天我有点儿忙。

Duìbuqǐ, jīntiān wǒ yǒudiǎnr máng

뚜에이부치, 진티엔 워 여우디알 망

선약이 있어서요.

我已经有约了。

Wǒ yǐjīng yǒu yuēle

워 이징 여우 위에러

다음으로 미루는 게 좋겠어요.

我有别的事，改天吧。

Wǒ yǒu biéde shì, gǎitiān ba

워 여우 비에더 스, 가이티엔 바

오늘 누가 오기로 돼 있어요.

今天我约了人。

Jīntiān wǒ yuēle rén

진티엔 워 위에러 런

다음 문장을 중국어로 말할 수 있는지 쓰면서 체크해 보세요.

무슨 일로 절 만나자는 거죠?

- 你 [　　　] 要见我?

좋아요, 시간 괜찮아요.

- 好，我 [　　　] 。

미안해요, 제가 오늘 좀 바빠서요.

- [　　　]，今天我有点儿忙。

선약이 있어서요.

- 我已经 [　　　] 。

다음으로 미루는 게 좋겠어요.

- 我有别的事，[　　] 吧。

오늘 누가 오기로 돼 있어요.

- 今天我 [　　　] 。

 Mini Talk

A: 今天下午怎么安排?
Jīntiān xiàwǔ zěnme ānpái
진티엔 시아우 전머 안파이
오늘 오후 스케줄 있니?

B: 对不起，晚上我有约。
Duìbuqǐ, wǎnshang wǒ yǒu yuē
뚜에이부치, 완샹 워 여우 위에
미안해. 저녁에 다른 약속 있거든.

금방 갈 테니까 잠깐만 기다려요.

请等我一下，我马上就来。

Qǐng děng wǒ yíxià, wǒ mǎshang jiù lái

칭 덩 워 이시아, 워 마샹 지어우 라이

올 때까지 기다릴게요.

不见不散。

Bújiànbúsàn

부지엔부싼

오래 기다리시게 했네요.

让你久等了。

Ràng nǐ jiǔ děng le

랑 니 지어우 덩 러

제가 늦게 왔네요.

我来晚了。

Wǒ lái wǎn le

워 라이 완 러

왜 이제야 오세요?

你怎么才来呢?

Nǐ zěnme cái lái ne

니 전머 차이 라이 너

저는 또 다른 일이 있어서 먼저 가 볼게요.

我还有别的事，先走了。

Wǒ háiyǒu biéde shì, xiān zǒule

워 하이여우 비에더 스, 시엔 저우러

다음 문장을 중국어로 말할 수 있는지 쓰면서 체크해 보세요.

금방 갈 테니까 잠깐만 기다려요.

- 请等我一下，我 [ ]。

올 때까지 기다릴게요.

- [ ] 不散。

오래 기다리시게 했네요.

- 让你 [ ]。

제가 늦게 왔네요.

- 我 [ ] 了。

왜 이제야 오세요?

- 你怎么 [ ]？

저는 또 다른 일이 있어서 먼저 가 볼게요.

- 我还有别的事，[ ]。

 Mini Talk

A: 很抱歉，让你久等了。
　　Hěn bàoqiàn, ràng nǐ jiǔ děng le
　　흐언 빠오치엔, 랑 니 지어우 덩 러
　　미안합니다, 오래 기다리셨죠.

B: 你看，已经过8点了。你怎么才来呢？
　　Nǐ kàn, yǐjīng guò bā diǎn le. Nǐ zěnme cái lái ne
　　니 칸, 이징 꾸어 빠 디엔 러. 니 전머 차이 라이 너
　　이봐요, 벌써 8시에요. 왜 이제 왔어요?

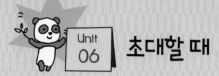

>> 녹음을 듣고 소리내어 읽어볼까요? <<< 듣기 >>>

함께 저녁식사를 합시다.

一起吃晚饭吧。

Yìqǐ chī wǎnfàn ba

이치 츠 완판 바

내일 저희 집에 놀러 오십시오.

明天到我家玩儿吧。

Míngtiān dào wǒjiā wánr ba

밍티엔 따오 워지아 왈 바

점심을 대접하고 싶습니다.

我想请你吃午饭。

Wǒ xiǎng qǐng nǐ chī wǔfàn

워 시앙 칭 니 츠 우판

술을 대접하고 싶습니다.

我想请你喝酒。

Wǒ xiǎng qǐng nǐ hējiǔ

워 시앙 칭 니 흐어지어우

좋습니다. 가겠습니다.

好，我愿意去。

Hǎo, wǒ yuànyì qù

하오, 워 위엔이 취

죄송합니다만, 다른 약속이 있습니다.

抱歉，我有别的约会。

Bàoqiàn, wǒ yǒu biéde yuēhuì

빠오치엔, 워 여우 비에더 위에후에이

다음 문장을 중국어로 말할 수 있는지 쓰면서 체크해 보세요.

함께 저녁식사를 합시다.

- 一起吃 [　　] 吧。

내일 저희 집에 놀러 오십시오.

- 明天到 [　　　　] 吧。

점심을 대접하고 싶습니다.

- 我想请你吃 [　　] 。

술을 대접하고 싶습니다.

- 我想请你 [　　] 。

좋습니다. 가겠습니다.

- 好，我 [　　] 。

죄송합니다만, 다른 약속이 있습니다.

- 抱歉，我有 [　　　] 。

 Mini Talk

A: 明天有聚会，请你来玩儿。
　　Míngtiān yǒu jùhuì, qǐng nǐ lái wánr
　　밍티엔 여우 쥐후에이, 칭 니 라이 왈
　　내일 모임이 있는데 당신도 오세요.

B: 谢谢你的邀请。
　　Xièxie nǐ de yāoqǐng
　　시에시에 니 더 야오칭
　　초대해주셔서 고마워요.

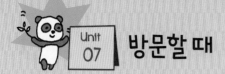

>> 녹음을 듣고 소리내어 읽어볼까요? <<< 듣기 >>>

집에 아무도 안 계세요?

家里有人吗?

Jiālǐ yǒu rén ma

지아리 여우 런 마

초대해주셔서 감사합니다.

谢谢你的招待。

Xièxie nǐ de zhāodài

시세시에 니 더 짜오따이

제가 너무 일찍 왔나 봐요.

我来得太早了吧。

Wǒ lái de tài zǎo le ba

워 라이 더 타이 자오 러 바

죄송합니다. 조금 늦었습니다.

对不起，我来晚了。

Duìbuqǐ, wǒ lái wǎn le

뚜에이부치, 워 라이 완 러

조그만 선물을 가져왔습니다, 받아 주십시오.

我带来了小礼物，请收下。

Wǒ dàiláile xiǎo lǐwù, qǐng shōuxià

워 따이라이러 시아오 리우, 칭 셔우시아

이건 제 작은 성의니, 받아주십시오.

这是我小小的心意，请你收下吧。

Zhè shì wǒ xiǎoxiao de xīnyì, qǐng nǐ shōuxià ba

쩌 스 워 시아오시아오 더 신이, 칭 니 셔우시아 바

다음 문장을 중국어로 말할 수 있는지 쓰면서 체크해 보세요.

집에 아무도 안 계세요?

● 家里 [____] 吗?

초대해주셔서 감사합니다.

● 谢谢你的 [____]。

제가 너무 일찍 왔나 봐요.

● 我来得 [____] 吧。

죄송합니다. 조금 늦었습니다.

● 对不起，我 [____]。

조그만 선물을 가져왔습니다, 받아 주십시오.

● 我带来了 [____]，请收下。

이건 제 작은 성의니, 받아주십시오.

● 这是我 [____]，请你收下吧。

Mini Talk

A: **我带来了小礼物，请收下。**
Wǒ dài lái le xiǎo lǐwù, qǐng shōuxià
워 따이 라이 러 시아오 리우, 칭 셔우시아
작은 선물을 가져왔는데 받으세요.

B: **你太客气了，谢谢。**
Nǐ tài kèqi le, xièxie
니 타이 크어치 러, 시에시에
멀 이런 걸 다, 고맙습니다.

어서 오세요.

欢迎, 欢迎。

Huānyíng, haūnyíng

후안잉, 후안잉

와 주셔서 감사합니다.

欢迎光临。

Huānyíng guānglín

후안잉 꾸앙린

들어오세요.

快请进。

Kuài qǐngjìn

쿠아이 칭진

이쪽으로 오시죠.

请这边来。

Qǐng zhèbiān lái

칭 쩌삐엔 라이

편히 하세요.

随便一点。

Suíbiàn yìdiǎn

쑤에이삐엔 이디엔

오시느라 고생하셨어요.

路上辛苦了。

Lùshàng xīnkǔ le

루샹 신쿠 러

다음 문장을 중국어로 말할 수 있는지 쓰면서 체크해 보세요.

어서 오세요.

• 欢迎, ☐ 。

와 주셔서 감사합니다.

• 欢迎 ☐ 。

들어오세요.

• 快 ☐ 。

이쪽으로 오시죠.

• 请 ☐ 。

편히 하세요.

• ☐ 一点。

오시느라 고생하셨어요.

• 路上 ☐ 。

 Mini Talk

A: **快请进，欢迎你!**
Kuài qǐng jìn, huānyíng nǐ
쿠아이 칭 진, 후안잉 니
어서 들어오세요. 환영합니다!

B: **谢谢!**
Xièxie
시에시에
감사합니다.

차 좀 드세요.

请喝茶。

Qǐng hēchá

칭 흐어차

뭘 좀 드실래요?

您要喝点儿什么?

Nín yào hē diǎnr shénme

닌 야오 흐어 디알 셤머

녹차 한 잔 하시겠어요?

要不要来一杯绿茶?

Yàobuyào lái yìbēi lǜchá

야오부야오 라이 이뻬이 뤼차

마음껏 드세요.

多吃一点儿啊。

Duō chī yìdiǎnr a

뚜어 츠 이디알 아

사양하지 마시고, 집처럼 편하게 계세요.

你别客气，像在家一样。

Nǐ bié kèqi, xiàng zài jiā yíyàng

니 비에 크어치, 시앙 짜이 지아 이양

자, 사양하지 마세요.

来，请不要客气。

Lái, qǐng búyào kèqi

라이, 칭 부야오 크어치

다음 문장을 중국어로 말할 수 있는지 쓰면서 체크해 보세요.

차 좀 드세요.

● 请 ⬜ 。

뭘 좀 드실래요?

● 您要 ⬜ 什么?

녹차 한 잔 하시겠어요?

● 要不要来一杯 ⬜ ?

마음껏 드세요.

● ⬜ 一点儿啊。

사양하지 마시고, 집처럼 편하게 계세요.

● ⬜ ，像在家一样。

자, 사양하지 마세요.

● ⬜ ，请不要客气。

A: 你们谈，我做饭去。
　　Nǐmen tán, wǒ zuò fàn qù
　　니먼 탄, 워 쭈어 판 취
　　말씀 나누세요, 저는 식사 준비할게요.

B: 真不好意思，给您添麻烦了。
　　Zhēn bùhǎoyìsi, gěi nín tiān máfan le
　　쩐 뿌하오이쓰, 게이 닌 티엔 마판 러
　　정말 죄송하네요, 번거롭게 해드려서요.

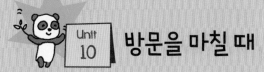

>> 녹음을 듣고 소리내어 읽어볼까요? <<< 듣기 >>>

집에 가야겠어요.

我该回家了。

Wǒ gāi huíjiāle

워 까이 후에이지아러

대접 잘 받았습니다.

谢谢你的盛情款待。

Xièxǐ nǐ de shèngqíng kuǎndài

시에시에 니 더 성칭 쿠안따이

너무 늦었어요. 이만 가볼게요.

时间不早了，我得回家了。

Shíjiān bù zǎo le, wǒ děi huíjiāle

스지엔 뿌 자오 러, 워 데이 후에이지아러

지금 가신다고요?

你这就要走?

Nǐ zhè jiùyào zǒu

니 쩌 지어우야오 저우

좀 더 계시다 가세요.

急什么呀，再坐一会儿吧。

Jí shénme ya, zài zuò yíhuìr ba

지 션머 야, 짜이 쭈어 이후알 바

살펴 가세요. 시간이 있으면 또 놀러 오세요.

你慢走，有时间再来玩儿啊。

Nǐ màn zǒu, yǒu shíjiān zài lái wánr a

니 만 저우, 여우 스지엔 짜이 라이 왈 아

다음 문장을 중국어로 말할 수 있는지 쓰면서 체크해 보세요.

집에 가야겠어요.

- 我该 ⬚ 。

대접 잘 받았습니다.

- 谢谢你的 ⬚ 。

너무 늦었어요. 이만 가볼게요.

- 时间 ⬚ ， 我得回家了。

지금 가신다고요?

- 你这 ⬚ 走?

좀 더 계시다 가세요.

- 急什么呀， 再坐 ⬚ 吧。

살펴 가세요. 시간이 있으면 또 놀러 오세요.

- ⬚ ， 有时间再来玩儿啊。

Mini Talk

A: 时间不早了， 我该回去了。
Shíjiān bù zǎo le, wǒ gāi huíqù le
스지엔 뿌 자오 러, 워 까이 후에이취 러
시간이 늦었는데 이만 가보겠습니다.

B: 如果你有空儿， 欢迎再来。 再见。
Rúgǒu nǐ yǒu kòngr, huānyíng zài lái. zàijiàn
루거우 니 여우 콜, 후안잉 짜이 라이. 짜이지엔
시간 있으면 다시 오세요. 안녕히 가세요.

PART

05

这里可以换钱吗?

공공장소

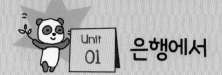

저기요, 근처에 은행 있어요?

请问，附近有银行吗?

Qǐngwèn, fùjìn yǒu yínháng ma

칭원, 푸진 여우 인항 마

이 근처에 현금자동인출기 있어요?

这附近有没有自动取款机?

Zhè fùjìn yǒuméiyǒu zìdòng tíkuǎnjī

쩌 푸진 여우메이여우 쯔똥 티쿠안지

여기서 환전할 수 있나요?

这里可以换钱吗?

Zhèli kěyǐ huànqián ma

쩌리 크어이 후안치엔 마

한국돈을 중국돈으로 바꾸고 싶은데요.

我想把韩币换成人民币。

Wǒ xiǎng bǎ hánbì huàn chéng rénmínbì

워 시앙 바 한삐 후안 청 런민삐

계좌를 만들고 싶은데요.

我要开户头。

Wǒ yào kāi hùtóu

워 야오 카이 후터우

잔돈으로 바꾸고 싶은데요.

我要换零钱。

Wǒ yào huàn língqián

워 야오 후안 링치엔

다음 문장을 중국어로 말할 수 있는지 쓰면서 체크해 보세요.

저기요, 근처에 은행 있어요?

• 请问，附近有 ☐ 吗?

이 근처에 현금자동인출기 있어요?

• 这附近有没有 ☐ ?

여기서 환전할 수 있나요?

• 这里可以 ☐ 吗?

한국돈을 중국돈으로 바꾸고 싶은데요.

• 我想把韩币换成 ☐ 。

계좌를 만들고 싶은데요.

• 我要 ☐ 。

잔돈으로 바꾸고 싶은데요.

• 我要换 ☐ 。

 Mini Talk

A: 我想把美元换成人民币。
Wǒ xiǎng bǎ měiyuán huànchéng rénmínbì
워 시앙 바 메이위엔 후안청 런민삐
달러를 위안화로 환전하고 싶습니다.

B: 您要换多少?
Nín yào huàn duōshao
닌 야오 후안 뚜어샤오
얼마나 바꾸시려고요?

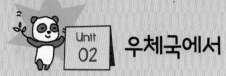

우체통은 어디에 있죠?

请问，信箱在哪儿?

Qǐngwèn, xìnxiāng zài nǎr

칭원, 신시앙 짜이 날

우표는 어디서 사죠?

邮票在哪儿买?

Yóupiào zài nǎr mǎi

여우피아오 짜이 날 마이

이 편지를 부치고 싶은데요.

我要寄这封信。

Wǒ yào jì zhè fēngxìn

워 야오 지 쩌 펑신

어떤 편지를 부치시게요?

你要寄什么信?

Nǐ yào jì shénme xìn

니 야오 지 션머 신

소포를 부치고 싶은데요.

我要寄包裹。

Wǒ yào jì bāoguǒ

워 야오 지 빠오구어

소포를 찾으러 왔는데요.

我要取包裹。

Wǒ yào qǔ bāoguǒ

워 야오 취 빠오구어

다음 문장을 중국어로 말할 수 있는지 쓰면서 체크해 보세요.

우체통은 어디에 있죠?

- 请问, [   ] 在哪儿?

우표는 어디서 사죠?

- [   ] 在哪儿买?

이 편지를 부치고 싶은데요.

- 我要寄这 [   ] 。

어떤 편지를 부치시게요?

- 你要寄 [   ] ?

소포를 부치고 싶은데요.

- 我要 [   ] 。

소포를 찾으러 왔는데요.

- 我要 [   ] 。

 Mini Talk

A: 你要寄什么信?
Nǐ yào jì shénme xìn
니 야오 지 션머 신
어떤 편지를 부치시겠습니까?

B: 我要寄航空信，几天能到韩国?
Wǒ yào jì hángkōngxìn, jǐtiān néng dào Hánguó
워 야오 지 항콩신, 지티엔 넝 따오 한구어
항공우편으로 부탁합니다. 한국까지 며칠 걸립니까?

이발 좀 해 주세요.

我要理发。

Wǒ yào lǐfà

워 야오 리파

어떤 모양으로 깎을까요?

理什么发型?

Lǐ shénme fàxíng

리 션머 파싱

본래 스타일로 깎아 주세요.

请照原来的样子理。

Qǐng zhào yuánlái de yàngzi lǐ

칭 짜오 위엔라이 더 양즈 리

이런 모양으로 깎아 주세요.

给我理成这个样子。

Gěi wǒ lǐ chéng zhège yàngzi

게이 워 리 청 쩌거 양즈

너무 많이 자르지 마세요.

别剪得太多。

Bié jiǎn de tàiduō

비에 지엔 더 타이뚜어

면도를 해 주세요.

请刮脸。

Qǐng guā liǎn

칭 꾸아 리엔

다음 문장을 중국어로 말할 수 있는지 쓰면서 체크해 보세요.

이발 좀 해 주세요.

- 我要 ☐ 。

어떤 모양으로 깎을까요?

- 理什么 ☐ ？

본래 스타일로 깎아 주세요.

- 请照 ☐ 理。

이런 모양으로 깎아 주세요.

- 给我理成 ☐ 。

너무 많이 자르지 마세요.

- 别剪得 ☐ 。

면도를 해 주세요.

- 请 ☐ 。

 Mini Talk

A: **头发怎么剪？**
Tóufà zěnme jiǎn
터우파 전머 지엔
머리를 어떻게 깎아 드릴까요?

B: **修剪一下就行了。**
Xiūjiǎn yíxià jiù xíng le
시어우지엔 이시아 지어우 싱 러
다듬어주세요.

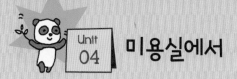

헤어스타일은 어떻게 할까요?

您要什么样的发型?

Nín yào shénmeyàng de fàxíng

닌 야오 션머양 더 파싱

머리만 감겨 주세요.

我只要洗头。

Wǒ zhǐyào xǐtóu

워 즈야오 시터우

파마해 주세요.

请给我烫发。

Qǐng gěi wǒ tàngfà

칭 게이 워 탕파

세트해 주세요.

我要做头发。

Wǒ yào zuò tóufa

워 야오 쭈어 터우파

이 헤어스타일이 유행이에요.

这种发型很流行。

Zhèzhǒng fàxíng hěn liúxíng

쩌종 파싱 흐언 리우싱

헤어스타일을 바꾸고 싶어요.

我想换个发型。

wǒ xiǎng huàn ge fàxíng

워 시앙 후안 그어 파싱

다음 문장을 중국어로 말할 수 있는지 쓰면서 체크해 보세요.

헤어스타일은 어떻게 할까요?

- 您要什么样的 ⬚ ？

머리만 감겨 주세요.

- 我只要 ⬚ 。

파마해 주세요.

- 请给我 ⬚ 。

세트해 주세요.

- 我要做 ⬚ 。

이 헤어스타일이 유행이에요.

- 这种发型 ⬚ 。

헤어스타일을 바꾸고 싶어요.

- 我 ⬚ 个发型。

A: 欢迎光临，剪发还是烫发？
Huānyíng guānglín, jiǎnfà háishì tàngfà
후안잉 꾸앙린, 지엔파 하이스 탕파
어서 오세요. 커트하시겠어요, 파마하시겠어요?

B: 我只要洗头。
Wǒ zhǐyào xǐtóu
워 즈야오 시터우
샴푸만 해주세요.

108 ● 이렇게 말해봐 일상중국어

이 양복을 세탁 좀 해 주세요.

请洗一洗这件西装。

Qǐng xǐyīxǐ zhè jiàn xīzhuāng

칭 시이시 쩌 지엔 시쭈앙

드라이클리닝 좀 하고 싶은데요.

我想干洗几件衣服。

Wǒ xiǎng gānxǐ jǐjiàn yīfu

워 시앙 깐시 지지엔 이푸

드라이클리닝은 얼마죠?

干洗一件要多少钱?

Gānxǐ yíjiàn yào duōshao qián

깐시 이지엔 야오 뚜어샤오 치엔

언제 옷을 찾아가면 될까요?

我什么时候可以取衣服?

Wǒ shénmeshíhou kěyǐ qǔ yīfu

워 션머스허우 크어이 취 이푸

이 셔츠에 있는 얼룩을 제거할 수 있을까요?

能除掉这件衬衫的污痕吗?

Néng chúdiào zhè jiàn chènshān de wūhén ma

넝 추띠아오 쩌 지엔 천샨 더 우흐언 마

이 셔츠 좀 다려 주세요.

请把这件衬衫熨一下。

Qǐng bǎ zhè jiàn chènshān yùn yíxià

칭 바 쩌 지엔 천샨 윈 이시아

다음 문장을 중국어로 말할 수 있는지 쓰면서 체크해 보세요.

이 양복을 세탁 좀 해 주세요.

- 请 ⬚ 这件西装。

드라이클리닝 좀 하고 싶은데요.

- 我想 ⬚ 几件衣服。

드라이클리닝은 얼마죠?

- 干洗一件要 ⬚ ？

언제 옷을 찾아가면 될까요?

- 我什么时候可以 ⬚ ？

이 셔츠에 있는 얼룩을 제거할 수 있을까요?

- 能除掉这件衬衫的 ⬚ 吗?

이 셔츠 좀 다려 주세요.

- 请把这件衬衫 ⬚ 。

 Mini Talk

A: **我想把这条裙子剪短。**
　Wǒ xiǎng bǎ zhè tiáo qúnzi jiǎn duǎn
　워 시앙 바 쩌 티아오 췬즈 지엔 두안
　이 스커트를 줄이고 싶은데요.

B: **您要剪多少?**
　Nín yào jiǎn duōshao
　닌 야오 지엔 뚜어샤오
　어느 정도 줄일까요?

>> 녹음을 듣고 소리내어 읽어볼까요? <<< 듣기 >>>

아파트 좀 보여 주시겠어요?

能让我们看看公寓吗?

Néng ràng wǒmen kànkan gōngyù ma

넝 랑 워먼 칸칸 꽁위 마

어떤 지역에 살고 싶으세요?

想在哪个区域居住?

Xiǎng zài nǎge qūyù jūzhù

시앙 짜이 나거 취위 쥐쭈

교통은 어떤가요?

交通怎么样?

Jiāotōng zěnmeyàng

지아오통 전머양

이 아파트는 방이 몇 개죠?

这套公寓有几个房间?

Zhè tào gōngyù yǒu jǐgè fángjiān

쩌 타오 꽁위 여우 지끄어 팡지엔

집세는 얼마나 되죠?

房费是多少?

Fángfèi shì duōshǎo

팡페이 스 뚜어샤오

언제 입주할 수 있을까요?

什么时候可以入住?

Shénmeshíhòu kěyǐ rùzhù

션머스허우 크어이 루쭈

다음 문장을 중국어로 말할 수 있는지 쓰면서 체크해 보세요.

아파트 좀 보여 주시겠어요?

- 能让我们 ⬚ 吗?

어떤 지역에 살고 싶으세요?

- 想在哪个区域 ⬚ ?

교통은 어떤가요?

- ⬚ 怎么样?

이 아파트는 방이 몇 개죠?

- 这套公寓有 ⬚ ?

집세는 얼마나 되죠?

- ⬚ 是多少?

언제 입주할 수 있을까요?

- 什么时候可以 ⬚ ?

Mini Talk

A: **你好，需要我帮你做点什么?**
Nǐhǎo, xūyào wǒ bāng nǐ zuòdiǎnshénme
니하오, 쉬야오 워 빵 니 쭈어디엔션머
안녕하세요. 무얼 도와드릴까요?

B: **我找有两个卧室的公寓。**
Wǒ zhǎo yǒu liǎnggè wòshì de gōngyù
워 자오 여우 리앙끄어 워스 더 꽁위
침실이 두 개인 아파트를 찾고 있습니다.

담당 부서를 알려 주시겠습니까?

能告诉我负责部门吗?

Néng gàosù wǒ fùzé bùmén ma

넝 까오쑤 워 푸저 뿌먼 마

이 일은 어느 분이 담당하십니까?

这业务由哪位负责?

Zhè yèwù yóu nǎwèi fùzé

쩌 이에우 여우 나웨이 푸저

문서로 작성하셔야 합니다.

这得形成文书。

Zhè děi xíngchéng wénshū

쩌 데이 싱청 원쑤

우선 신청부터 하셔야 합니다.

你先得申请一下。

Nǐ xiān děi shēnqǐng yíxià

니 시엔 데이 션칭 이시아

번호를 받으시고 자리에 앉아서 기다리세요.

先领取号码，到座位等着吧。

Xiān lǐngqǔ hàomǎ, dào zuòwèi děngzhe ba

시엔 링취 하오마, 따오 쭈어웨이 덩저 바

여기에 서명하시고 날짜를 쓰세요.

在这儿署名，再写上日期。

Zài zhèr shǔmíng, zài xiě shàng rìqī

짜이 쩔 수밍, 짜이 시에 샹 르치

다음 문장을 중국어로 말할 수 있는지 쓰면서 체크해 보세요.

담당 부서를 알려 주시겠습니까?

● 能告诉我 ［　　　　］ 吗?

이 일은 어느 분이 담당하십니까?

● 这业务由 ［　　　　］ ?

문서로 작성하셔야 합니다.

● 这得形成 ［　　　］ 。

우선 신청부터 하셔야 합니다.

● 你先得 ［　　］ 一下。

번호를 받으시고 자리에 앉아서 기다리세요.

● ［　　　　］ 号码，到座位等着吧。

여기에 서명하시고 날짜를 쓰세요.

● 在这儿 ［　　　］ ，再写上日期。

 Mini Talk

A: **您有什么事吗?**
Nín yǒu shénmeshì ma
닌 여우 션머스 마
무슨 일이십니까?

B: **我想问一下有关外国人注册的事。**
Wǒ xiǎng wèn yíxià yǒuguān wàiguórén zhùcè de shì
워 시앙 원 이시아 여우꾸안 와이구어런 쭈처 더 스
외국인 등록에 관한 것을 묻고 싶은데요.

경찰에 신고해야 합니다.

需要报警。

Xūyào bàojǐng

쉬야오 빠오징

경찰서는 어디에 있습니까?

警察局在哪儿?

Jǐngchájú zài nǎr

징차쮜 짜이 날

경찰에 신고해 주시겠어요?

能帮我报警吗?

Néng bāng wǒ bàojǐng ma

넝 빵 워 빠오징 마

경찰에 도난신고를 하고 싶은데요.

想向警察局提出被盗申请。

Xiǎng xiàng jǐngchájú tíchū bèi dào shēnqǐng

시앙 시앙 징차쮜 티추 뻬이 따오 션칭

누구에게 알려야 하죠?

要跟谁说?

Yào gēn shéi shuō

야오 끄언 쉐이 수어

그 사람의 얼굴은 봤나요?

看到他的脸了吗?

Kàndào tā de liǎn le ma

칸따오 타 더 리엔 러 마

다음 문장을 중국어로 말할 수 있는지 쓰면서 체크해 보세요.

경찰에 신고해야 합니다.

● 需要 ☐ 。

경찰서는 어디에 있습니까?

● ☐ 在哪儿?

경찰에 신고해 주시겠어요?

● 能帮我 ☐ 吗?

경찰에 도난신고를 하고 싶은데요.

● 想向警察局提出被 ☐ 。

누구에게 알려야 하죠?

● 要跟 ☐ ?

그 사람의 얼굴은 봤나요?

● ☐ 他的脸了吗?

A: **请帮我报警。**
Qǐng bāng wǒ bàojǐng
칭 빵 워 빠오징
경찰에 신고해주세요.

B: **你怎么样?**
Nǐ zěnmeyàng
니 전머양
당신은 어떻습니까?

>> 녹음을 듣고 소리내어 읽어볼까요? <<< 듣기 >>>

미술전시회에 가시겠습니까?

你去不去画展?

Nǐ qùbúqù huàzhǎn

니 취부취 후아잔

박물관에는 어떻게 가면 됩니까?

博物馆怎么去?

Bówùguǎn zěnme qù

보어우구안 전머 취

그 박물관은 오늘 엽니까?

那个博物馆今天开吗?

Nàge bówùguǎn jīntiān kāi ma

나거 보어우구안 진티엔 카이 마

재입관할 수 있습니까?

可以再入内吗?

Kěyǐ zài rù nèi ma

크어이 짜이 루 네이 마

관내를 안내할 가이드는 있습니까?

有介绍馆内的解说员吗?

Yǒu jièshào guǎnnèi de jiěshuōyuán ma

여우 지에샤오 구안네이 더 지에수어위엔 마

이 작품은 어느 시대의 것입니까?

这个作品是哪个时代的?

Zhège zuòpǐn shì nǎge shídài de

쩌거 쭈어핀 스 나거 스따이 더

다음 문장을 중국어로 말할 수 있는지 쓰면서 체크해 보세요.

미술전시회에 가시겠습니까?

● 你去不去 ⬚ ?

박물관에는 어떻게 가면 됩니까?

● ⬚ 怎么去?

그 박물관은 오늘 엽니까?

● 那个博物馆 ⬚ ?

재입관할 수 있습니까?

● 可以 ⬚ 吗?

관내를 안내할 가이드는 있습니까?

● 有 ⬚ 的解说员吗?

이 작품은 어느 시대의 것입니까?

● 这个作品是哪个 ⬚ ?

 Mini Talk

A: 经常去博物馆吗?
Jīngcháng qù bówùguǎn ma
징창 취 보어우구안 마
박물관에 자주 가세요?

B: 是的，我有时去博物馆。
Shì de, wǒ yǒushí qù bówùguǎn
스 더, 워 여우스 취 보어우구안
네, 박물관에 가끔 갑니다.

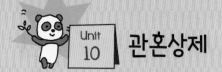
또 승진하셨네요. 축하합니다.

恭喜您又提升了。

Gōngxǐ nín yòu tíshēngle

꽁시 닌 여우 티셩러

당신 일로 저도 기쁩니다.

真替你高兴。

Zhēn tì nǐ gāoxìng

쩐 티 니 까오싱

성공을 빕니다.

祝你成功。

Zhù nǐ chénggōng

쭈 니 청꽁

결혼을 축하드립니다.

祝你们新婚快乐!

Zhù nǐmen xīnhūn kuàilè

쭈 니먼 신훈 쿠아이러

새해 복 많이 받으세요!

祝您过个好年。

Zhù nín guògèhǎonián

쭈 닌 꾸어끄어하오니엔

어디서 장례식을 합니까?

在哪儿开追悼会?

zài nǎr kāi zhuīdàohuì

짜이 날 카이 쭈에이따오후에이

다음 문장을 중국어로 말할 수 있는지 쓰면서 체크해 보세요.

또 승진하셨네요. 축하합니다.

● 恭喜您又 ☐ 。

당신 일로 저도 기쁩니다.

● 真替你 ☐ 。

성공을 빕니다.

● 祝你 ☐ 。

결혼을 축하드립니다.

● 祝你们 ☐ ！

새해 복 많이 받으세요!

● 祝您 ☐ 。

어디서 장례식을 합니까?

● 在哪儿开 ☐ ？

Mini Talk

A: **快过春节了。**
Kuài guò chūnjié le
쿠아이 꾸어 춘지에 러
곧 설입니다.

B: **是啊! 给您拜个早年。**
Shì a! gěi nín bài gè zǎonián
스 아! 게이 닌 빠이 끄어 자오니엔
그렇군요. 새해 복 많이 받으십시오.

PART

06

你哪儿不舒服?

병원

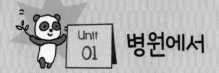

이 근처에 병원이 있나요?

这附近有没有医院?

Zhè fùjìn yǒuméiyǒu yīyuàn

쩌 푸진 여우메이여우 이위엔

진찰을 받고 싶은데요.

我想看病。

Wǒ xiǎng kànbìng

워 시앙 칸삥

접수처가 어디죠?

挂号处在哪儿?

Guàhàochù zài nǎr

꾸아하오추 짜이 날

안녕하세요, 접수하고 싶은데요.

你好,我想挂门诊。

Nǐ hǎo, wǒ xiǎng guà ménzhěn

니 하오, 워 시앙 꾸아 먼전

어떤 과에서 진찰받고 싶으세요?

你要看哪一科?

Nǐ yào kàn nǎ yìkē

니 야오 칸 나 이크어

어디서 약을 받나요?

在哪儿取药?

Zài nǎr qǔyào

짜이 날 취야오

다음 문장을 중국어로 말할 수 있는지 쓰면서 체크해 보세요.

이 근처에 병원이 있나요?

● 这附近有没有 ⬚ ?

진찰을 받고 싶은데요.

● 我想 ⬚ 。

접수처가 어디죠?

● ⬚ 在哪儿?

안녕하세요, 접수하고 싶은데요.

● 你好, 我想挂 ⬚ 。

어떤 과에서 진찰받고 싶으세요?

● 你要看 ⬚ ?

어디서 약을 받나요?

● 在哪儿 ⬚ ?

 Mini Talk

A: **你好, 我想挂门诊。**
Nǐ hǎo, wǒ xiǎng guàn ménzhěn
니 하오, 워 시앙 꾸안 먼전
안녕하세요, 접수하고 싶은데요.

B: **请出示门诊病历手册和就诊卡。**
Qǐng chūshì ménzhěnbìnglìshǒucè hé jiùzhěnkǎ
칭 추스 먼전삥리셔우처 흐어 지어우전카
진료수첩과 진료카드를 보여주세요.

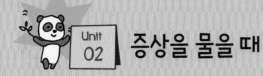

Unit 02 증상을 물을 때

>> 녹음을 듣고 소리내어 읽어볼까요? <<< 듣기 >>>

어디가 아프세요?

你哪儿不舒服?

Nǐ nǎr bùshūfu

니 날 뿌쑤푸

어떻게 안 좋으세요?

怎么不舒服?

Zěnme bùshūfu

전머 뿌쑤푸

열은 나세요?

发烧吗?

Fāshāo ma

파샤오 마

기침은 하세요?

咳嗽吗?

Késou ma

크어써우 마

소화는 어떠세요?

消化怎么样?

Xiāohuà zěnmeyàng

시아오후아 전머양

불편한 지 얼마나 됐죠?

不舒服有多久了?

Bùshūfu yǒu duōjiǔ le

뿌쑤푸 여우 뚜어지어우 러

다음 문장을 중국어로 말할 수 있는지 쓰면서 체크해 보세요.

어디가 아프세요?

- 你哪儿 ⬜ ?

어떻게 안 좋으세요?

- ⬜ 不舒服?

열은 나세요?

- ⬜ 吗?

기침은 하세요?

- ⬜ 吗?

소화는 어떠세요?

- ⬜ 怎么样?

불편한 지 얼마나 됐죠?

- 不舒服有 ⬜ ?

 Mini Talk

A: **怎么了? 你哪儿不舒服?**
Zěnme le? Nǐ nǎr bùshūfu
전머 러? 니 날 뿌쑤푸
어떠세요? 어디가 불편하시죠?

B: **我从昨天晚上开始头痛，发烧。**
Wǒ cóng zuótiān wǎnshang kāishǐ tóuténg, fāshāo
워 총 주어티엔 완샹 카이스 터우텅, 파샤오
어제 저녁부터 머리가 아프고 열이 나요.

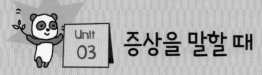

>> 녹음을 듣고 소리내어 읽어볼까요? <<< 듣기 >>>

현기증이 좀 나요.

我有点儿头晕。

Wǒ yǒudiǎnr tóuyūn

워 여우디알 터우윈

무엇 때문인지 머리가 약간 어지러워요.

不知怎么的头有点儿发昏。

Bùzhī zěnme de tóu yǒudiǎnr fāhūn

뿌쯔 전머 더 터우 여우디알 파훈

머리가 아프고, 좀 어지러워요.

头疼，还有点儿晕。

Tóuténg, háiyǒu diǎnr yūn

터우텅, 하이여우 디알 윈

목이 아프고 콧물이 흐르고 머리가 아파요.

我喉咙痛，流鼻涕，头疼。

Wǒ hóulóng tòng, liú bítì, tóuténg

워 허우롱 통, 리어우 비티, 터우텅

요 며칠 배가 아프고 설사도 했어요.

这几天肚子疼，还拉肚子。

Zhè jǐtiān dùziténg, hái lādùzi

쩌 지티엔 뚜즈텅, 하이 라뚜즈

눈이 충혈되고 굉장히 가려워요.

眼睛发红，特别痒。

Yǎnjing fāhóng, tèbié yǎng

이엔징 파홍, 트어비에 양

다음 문장을 중국어로 말할 수 있는지 쓰면서 체크해 보세요.

현기증이 좀 나요.

- 我有点儿 ☐ 。

무엇 때문인지 머리가 약간 어지러워요.

- 不知怎么的头 ☐ 。

머리가 아프고, 좀 어지러워요.

- ☐ ， 还有点儿晕。

목이 아프고 콧물이 흐르고 머리가 아파요.

- 我喉咙痛， ☐ ， 头疼。

요 며칠 배가 아프고 설사도 했어요.

- 这几天肚子疼， 还 ☐ 。

눈이 충혈되고 굉장히 가려워요.

- 眼睛发红， ☐ 。

 Mini Talk

A: **我喉咙痛， 流鼻涕， 头疼。**
Wǒ hóulóng tòng, liú bítì, tóuténg
워 허우롱 통, 리어우 비티, 터우텅
목이 아프고 콧물도 흐르고 머리가 아파요.

B: **你这个样子多久了?**
Nǐ zhège yàngzi duōjiǔ le
니 쩌거 이엔즈 뚜어지어우 러
이런 증상이 얼마나 됐죠?

병원에 가서 검사해 봤어요?

去医院检查了吗?

Qù yīyuàn jiǎnchá le ma

취 이위엔 지엔차 러 마

금년에 건강검진을 받아본 적이 있어요?

今年你做过身体检查吗?

Jīnnián nǐ zuòguò shēntǐ jiǎnchá ma

진니엔 니 쭈어꾸어 션티 지엔차 마

한번 건강검진을 받아보세요.

我建议你检查一下身体。

Wǒ jiànyì nǐ jiǎnchá yíxià shēntǐ

워 지엔이 니 지엔차 이시아 션티

어떤 항목을 검사하죠?

检查什么项目?

Jiǎnchá shénme xiàngmù

지엔차 션머 시앙무

언제 결과가 나오죠?

什么时候出结果呢?

Shénmeshíhou chū jiéguǒ ne

션머스허우 추 지에구어 너

검사 결과는 어때요?

检查结果怎么样?

Jiǎnchá jiéguǒ zěnmeyàng

지엔차 지에구어 전머양

다음 문장을 중국어로 말할 수 있는지 쓰면서 체크해 보세요.

병원에 가서 검사해 봤어요?

- 去医院 ⬚ 了吗?

금년에 건강검진을 받아본 적이 있어요?

- 今年你做过 ⬚ 吗?

한번 건강검진을 받아보세요.

- 我建议你 ⬚ 。

어떤 항목을 검사하죠?

- 检查 ⬚ ?

언제 결과가 나오죠?

- 什么时候 ⬚ 呢?

검사 결과는 어때요?

- 检查结果 ⬚ ?

A: 你去医院检查了吗?
Nǐ qù yīyuàn jiǎnchá le ma
니 취 이위엔 지엔차 러 마
병원에 가서 검사해봤어요?

B: 去过了。
Qù guo le
취 구어 러
갔었습니다.

잘 안 들려요.
听不清楚。
Tīng bù qīngchǔ
팅 뿌 칭추

귀에 뭔가 들어갔어요.
耳朵进了异物。
Ěrduo jìnle yìwù
얼두어 진러 이우

코가 막혔어요.
鼻塞了。
Bísāile
비싸이러

콧물이 나와요.
流鼻涕。
Liú bítì
리우 비티

기침이 나고 목도 아파요.
咳嗽，咽喉痛。
Késou, yānhóu tòng
크어써우, 이엔허우 통

목이 부었어요.
咽喉红肿。
Yānhóu hóngzhǒng
이엔허우 홍종

다음 문장을 중국어로 말할 수 있는지 쓰면서 체크해 보세요.

잘 안 들려요.

- 听不 ⬜ 。

귀에 뭔가 들어갔어요.

- 耳朵进了 ⬜ 。

코가 막혔어요.

- ⬜ 了。

콧물이 나와요.

- 流 ⬜ 。

기침이 나고 목도 아파요.

- ⬜ ， 咽喉痛。

목이 부었어요.

- 咽喉 ⬜ 。

A: **擤鼻涕就出血。**
　　Xǐngbítì jiù chūxiě
　　싱비티 지어우 추시에
　　코를 풀면 피가 납니다.

B: **擤鼻涕要轻点。**
　　Xǐngbítì yào qīng diǎn
　　싱비티 야오 칭 디엔
　　코를 살살 푸세요.

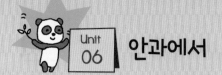

눈이 아파요.

眼睛疼。

Yǎnjing téng

이엔징 텅

눈이 가려워요.

眼睛痒痒。

Yǎnjing yǎngyang

이엔징 양양

눈이 따끔거려요.

眼睛辣辣的。

Yǎnjing làla de

이엔징 라라 더

흐릿하게 보여요.

我看不清楚。

Wǒ kàn bù qīngchǔ

워 칸 뿌 칭추

눈이 침침해요.

眼睛不好受。

Yǎnjing bùhǎoshòu

이엔징 뿌하오셔우

눈이 충혈되었어요.

眼睛发红了。

Yǎnjing fāhóngle

이엔징 파홍러

다음 문장을 중국어로 말할 수 있는지 쓰면서 체크해 보세요.

눈이 아파요.

● ☐ 疼。

눈이 가려워요.

● 眼睛 ☐ 。

눈이 따끔거려요.

● 眼睛 ☐ 的。

흐릿하게 보여요.

● 我看 ☐ 。

눈이 침침해요.

● 眼睛 ☐ 。

눈이 충혈되었어요.

● 眼睛 ☐ 。

 Mini Talk

A: **你的视力是多少?**
Nǐ de shìlì shì duōshǎo
니 더 스리 스 뚜어샤오
시력이 얼마나 됩니까?

B: **视力不太好。**
Shìlì bútài hǎo
스리 부타이 하오
시력이 별로 좋지 않습니다.

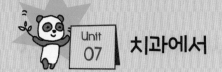

이가 아파요.

我牙疼。

Wǒ yá téng

워 야 텅

충치가 있습니다.

我有虫牙。

Wǒ yǒu chóngyá

워 여우 총야

이를 때워야 합니다.

我得补牙。

Wǒ děi bǔ yá

워 데이 부 야

이가 약간 흔들거려요.

我的牙齿有点松动。

Wǒ de yáchǐ yǒudiǎn sōngdòng

워 더 야츠 여우디엔 쏭동

두드리면 이가 아파요.

敲敲牙就会疼。

Qiāoqiao yá jiù huì téng

치아오치아오 야 지어우 후에이 텅

이가 부러졌어요.

牙齿断了。

Yáchǐ duànle

야츠 뚜안러

다음 문장을 중국어로 말할 수 있는지 쓰면서 체크해 보세요.

이가 아파요.

● 我 ⬜ 。

충치가 있습니다.

● 我有 ⬜ 。

이를 때워야 합니다.

● 我得 ⬜ 。

이가 약간 흔들거려요.

● 我的牙齿有点 ⬜ 。

두드리면 이가 아파요.

● ⬜ 牙就会疼。

이가 부러졌어요.

● 牙齿 ⬜ 。

A: **牙龈出血了。**
　　Yáyín chūxiěle
　　야인 추시에러
　　잇몸에서 피가 나요.

B: **有很多牙垢。**
　　Yǒu hěnduō yágòu
　　여우 흐언뚜어 야꺼우
　　치석이 많이 끼었습니다.

그이는 입원치료를 받아야 해요.

他得住院治疗。
Tā děi zhùyuàn zhìliáo
타 데이 쭈위엔 쯔리아오

업무과에 가셔서 입원수속을 해주세요.

请到住院处办理住院手续。
Qǐng dào zhùyuàn chù bànlǐ zhùyuàn shǒuxù
칭 따오 쭈위엔 추 빤리 쭈위엔 셔우쉬

입원비는 언제 내죠?

住院费什么时候交?
Zhùyuànfèi shénmeshíhou jiāo
쭈위엔페이 션머스허우 지아오

언제쯤 퇴원할 수 있을까요?

什么时候可以出院?
Shénmeshíhou kěyǐ chūyuàn
션머스허우 크어이 추위엔

퇴원 후 집에서 한동안 쉬어야 합니다.

出院后，得在家里休息一段日子。
Chūyuàn hòu, děi zài jiāli xiūxi yíduàn rìzi
추위엔 허우, 데이 짜이 지아리 시어우시 이뚜안 르즈

그는 이미 퇴원했어요.

他已经出院了。
Tā yǐjing chūyuànle
타 이징 추위엔러

다음 문장을 중국어로 말할 수 있는지 쓰면서 체크해 보세요.

그이는 입원치료를 받아야 해요.

- 他得 ⬚ 治疗。

업무과에 가셔서 입원수속을 해주세요.

- 请到住院处办理 ⬚ 。

입원비는 언제 내죠?

- ⬚ 什么时候交?

언제쯤 퇴원할 수 있을까요?

- 什么时候可以 ⬚ ?

퇴원 후 집에서 한동안 쉬어야 합니다.

- ⬚ ，得在家里休息一段日子。

그는 이미 퇴원했어요.

- 他 ⬚ 了。

 Mini Talk

A: 你的病情较严重，得住院治疗。
Nǐ de bìngqíng jiào yánzhòng, děi zhùyuàn zhìliáo
니 더 삥칭 지아오 이엔쭝, 데이 쭈위엔 쯔리아오
병세가 심각해서 입원치료를 받아야 합니다.

B: 要住几天?
Yào zhù jǐtiān
야오 쭈 지티엔
며칠 입원해야 하나요?

병문안할 때

아프다는 소식을 듣고 보러 왔어요.

听说你病了，我来看看你。

Tīngshuō nǐ bìngle, wǒ lái kànkan nǐ

팅슈어 니 삥러, 워 라이 칸칸 니

역시 많이 쉬셔야 좋아요.

最好还是多休息。

Zuìhǎo háishì duō xiūxi

쭈에이하오 하이스 뚜어 시어우시

오늘은 어떠세요, 많이 좋아지셨어요?

你今天怎么样，好点儿了吗?

Nǐ jīntiān zěnmeyàng, hǎo diǎnr le ma

니 진티엔 전머양, 하오 디알 러 마

전보다 많이 좋아졌어요.

比以前好多了。

Bǐ yǐqián hǎoduō le

비 이치엔 하오뚜어 러

의사는 며칠 더 지나면 당신이 좋아질 거래요.

医生说，再过几天就会好了。

Yīshēng shuō, zài guò jǐtiān jiù huì hǎo le

이셩 수어, 짜이 꾸어 지티엔 지어우 후에이 하오 러

이렇게 와주셔서 고마워요.

谢谢你特地来看我。

Xièxie nǐ tèdì lái kàn wǒ

시에시에 니 트어띠 라이 칸 워

다음 문장을 중국어로 말할 수 있는지 쓰면서 체크해 보세요.

아프다는 소식을 듣고 보러 왔어요.

- 听说 ⬚⬚⬚ ，我来看看你。

역시 많이 쉬셔야 좋아요.

- 最好还是多 ⬚⬚ 。

오늘은 어떠세요, 많이 좋아지셨어요?

- 你今天怎么样， ⬚⬚⬚⬚ 吗?

전보다 많이 좋아졌어요.

- 比以前 ⬚⬚⬚ 。

의사는 며칠 더 지나면 당신이 좋아질 거래요.

- ⬚⬚⬚ ，再过几天就会好了。

이렇게 와주셔서 고마워요.

- 谢谢你特地 ⬚⬚⬚ 。

 Mini Talk

A: 听说你生病住院了，我真的好担心你。
Tīngshuō nǐ shēngbìng zhùyuàn le, wǒ zhēnde hǎo dānxīn nǐ
팅수어 니 성삥 쭈위엔 러, 워 쩐더 하오 띠엔신 니
아파서 입원했단 소식을 듣고 정말 많이 걱정했어요.

B: 谢谢你来看我。现在好多了。
Xièxie nǐ lái kàn wǒ. xiànzài hǎo duō le
시에시에 니 라이 칸 워. 시엔짜이 하오 뚜어 러
와주셔서 고맙습니다. 이제 많이 좋아졌어요.

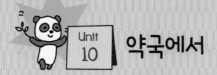
>> 녹음을 듣고 소리내어 읽어볼까요? <<< 듣기 >>>

이 근처에 약국 있어요?

这附近有药房吗?

Zhè fùjìn yǒu yàofáng ma

쩌 푸진 여우 야오팡 마

이 약은 어떻게 먹죠?

这药该怎么服用?

Zhè yào gāi zěnme fúyòng

쩌 야오 까이 전머 푸용

하루에 몇 번 먹죠?

一天吃几次?

Yìtiān chī jǐcì

이티엔 츠 지츠

하루 세 번, 식후에 드세요.

一天三次，饭后服用。

Yìtiān sāncì, fànhòu fúyòng

이티엔 싼츠, 판허우 푸용

두통약 있어요?

有没有头疼药?

Yǒuméiyǒu tóuténgyào

여우메이여우 터우텅야오

중의약을 드릴까요, 양약을 드릴까요?

你要中药还是西药?

Nǐ yào zhōngyào háishì xīyào

니 야오 쫑야오 하이스 시야오

다음 문장을 중국어로 말할 수 있는지 쓰면서 체크해 보세요.

이 근처에 약국 있어요?

- 这附近有 [____] 吗?

이 약은 어떻게 먹죠?

- 这药该 [_____] ?

하루에 몇 번 먹죠?

- 一天 [____] ?

하루 세 번, 식후에 드세요.

- 一天三次, [_____] 。

두통약 있어요?

- 有没有 [_____] ?

중의약을 드릴까요, 양약을 드릴까요?

- 你要 [____] 还是 [____] ?

 Mini Talk

A: **你需要什么药?**
Nǐ xūyào shénme yào
니 쉬야오 션머 야오
어떤 약 드릴까요?

B: **消化不好。**
Xiāohuà bù hǎo
시아오후아 뿌 하오
소화가 잘 안돼요.